김수열의 책 읽기

각

김수열의 책읽기

지은이 / 김 수 열
펴낸이 / 박 경 훈
펴낸곳 / 도서출판 각

초판 인쇄 / 2002년 9월 25일
초판 발행 / 2002년 10월 1일

도서출판 각
주소 · 제주도 제주시 용담1동 264-1번지 3층
전화 · 064-725-4410
팩스 · 064-756-4409
e-mail · gakgak@empal.com
등록번호 · 제 80호
등록일 · 1999년 2월 3일

값 9,000 원

ISBN 89-89719-17-8 03810

* 잘못된 책은 서점에서 바꾸어 드립니다.

차 례

머리말 / 3
지상에 숟가락 하나 · **현기영** / 7
다만 흘러가는 것들을 듣는다 · **박남준** / 11
부드러운 직선 · **도종환** / 17
바닷가 우체국 · **안도현** / 23
벙어리 달빛 · **이원규** / 29
허공 · **문충성** / 34
혼자만 잘 살믄 무슨 재민겨 · **전우익** / 39
나무야 나무야 · **신영복** / 43
그러나 나는 살아가리라 · **유용주** / 47
외로우니까 사람이다 · **정호승** / 51
손님 · **황석영** / 56
보길도에서 온 편지 · **강제윤** / 60
어두워진다는 것 · **나희덕** / 64
희미한 등불만 있으면 좋으리 · **김광렬** / 69
팽이는 서고 싶다 · **박영희** / 74
넋 달래려다 그대는 넋 놓고 · **김석교** / 80
나는 상처를 사랑했네 · **나종영** / 86
엉겅퀴꽃 · **문무병** / 92
남양여인숙 · **나기철** / 97
달맞이꽃에 대한 명상 · **최승호** / 102
편지 · **김남주** / 106

누구도 마침표를 찍지 못한다 · **정일근** / 111
내가 본 부처 · **도법** / 116
내가 사랑한 사람 내가 사랑한 세상 · **곽재구** / 121
아무리 바빠도 아버지 노릇은 해야지요 · **서정홍** / 125
가장 쓸쓸한 일 · **양정자** / 129
환한 저녁 · **고증식** / 134
詩를 찾아서 · **정희성** / 139
제비꽃 여인숙 · **이정록** / 144
제 친구들하고 인사하실래요? · **조병준** / 150
안동소주 · **안상학** / 155
숨은 꽃을 찾아서 · **홍성운** / 161
떠나는 것이 어찌 아름답기만 하랴 · **김시천** / 166
자청비 · 가믄장아기 · 백주또 · **김정숙** / 171
딸아이의 추억 · **김규중** / 175
누구나 혼자이지 않은 사람은 없다 · **김재진** / 180
하늘 호수로 떠난 여행 · **류시화** / 185
못난 것도 힘이 된다 · **이상석** / 189
흰소가 끄는 수레 · **박범신** / 193
반쪽이, 세계 오지를 가다 · **최정현** / 197
뿔 · **신경림** / 202
섬진강 편지 · **김인호** / 206

머리말

  시를 쓰는 사람이 시가 아닌, 그렇다고 소설도 아닌, 그 중간쯤에 해당하는 글을 써서 책으로 묶어내는 것에 대해 나는 마뜩치 않게 생각해 왔다.
  글에도 외도가 있다면 이런 경우를 두고 하는 게 아닌가 하는 생각에서다.
  그런 글을 쓸만한 재간도 없고 딱히 그런 글을 써달라는 청탁도 없는 내게 제주MBC로부터 책을 소개해주는 꼭지를 맡아달라는 제안을 해왔다.
  내가 읽은 책, 그게 시든 소설이든 아니면 그 어떤 글이든 상관없이 일주일에 한 번씩 해달라는 부탁에 선뜻 그러마고 대답하질 못했다. 제 글에 대해서도 바른 심지를 세우지 못한 주제에 무슨 염치로 다른 사람이 정성 들여 쓴 글에 대해 이러쿵저러쿵 토를 달 수 있을까? 오히려 흠집을 내고 마는 건 아닌가 하는 생각을 하면서도 한편으로는 언제부턴가 책읽기가 내 삶의 우선 순위에서 뒤로 밀려난 마당에 책을 가까이할 수 있는 기회가 될 수도 있겠다 싶었다.

어느덧 일년 반이 지났다.

방송을 시작하고 얼마까지는 이전에 읽었던 책을 되새김질하면서 때울 수 있었는데 얼마 지나지 않아 내 빈약한 책읽기의 바닥이 드러나기 시작했다. 일주일에 한 권은 읽어야 한다. 그 정도 갖고 무슨 엄살이냐고 말하면 나도 할 말이 없지만 솔직히 쉬운 일이 아니다. 새롭게 확인한 일이지만 일주일에 한 권을 읽으려면 책읽기가 생활의 중심에 놓여 있어야 한다. 짬을 내거나 여유가 생길 때 책을 읽겠다는 사람은 실은 책을 안 읽는 사람이다. 학창시절 가정실태조사를 할 때 취미란에 '독서'라고 쓰는 학생들의 대개가 이런 부류에 속한다. 책을 소개하면서 얻은 게 있다면 책읽기가 내 생활의 주변에서부터 시나브로 가운데 쪽으로 공간이동을 했다는 사실이다. 즐거운 고민이라고나 할까.

그 원고들을 책으로 묶으면서 많은 고민을 했다. 이미 방송을 통해 소개된 내용일 뿐만 아니라 남의 글을 소개하는 것인데 굳이 책으로 엮을 필요가 있을까 하는 점이 가장 큰 고민거리였다. 또 한편에서는 방송은 한 번 지나치면 그뿐이기 때문에 문자로 남기는 것도 의미 있는 일이 될 것이라는 말이 나를 망설이게 했다.

도서출판 〈각〉의 격려가 없었으면 이 책은 세상의 빛을 보지 못했을 것이다. 그리고 여기에 소개된 작가들에 대해서 사전에 알려드리지 못한 것은 전적으로 나의 불찰이다. 부족하지만 이 책으로 인사를 대신하면서 꾸지람을 들을 수밖에 없겠다. 그리고 방송으로 나간 원고의 많은 부분을 이 책에 싣지 못했다. 이런 기회가 주어진다면 다시 한 권의 책으로 선보일 수 있기를 기대해 본다.

  혹자는 문자 언어는 더 이상 효용 가치를 갖지 못할 것이라는 비관적인 견해를 내놓고 있음을 모르는 바 아니다. 그러나 시대의 흐름에 관계없이 이성과 감성의 저변에는 도저한 문자의 강물이 흐르고 또 흘러갈 것임을 나는 믿는다. 그 점이 내가 책읽기를 고집하는 분명한 까닭인 것이다.

  끝으로 책을 만드는 데 힘을 보태준 조병준, 안도현 두 친구에게 진 마음의 빚은 두고두고 잊지 않겠다.

이천이년 구월

김수열

지상에 숟가락 하나
(현기영/실천문학사)

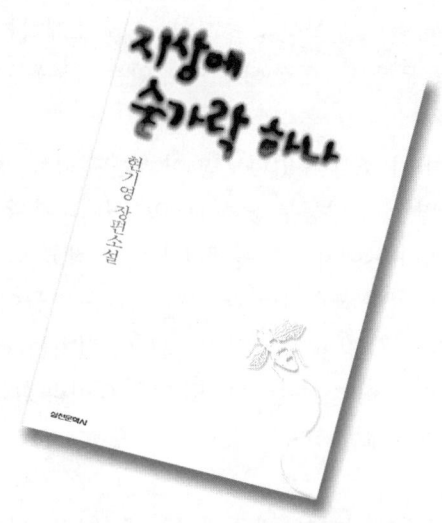

　자기가 살고 있는 땅에 백발이 성성하고 눈빛이 그윽한 고목 같은 어른이 있으면 그 그늘 밑에 깃들고 싶은 생각을 누구나 갖게 되는데요, 물론 지금 제주에 살지는 않지만 작품으로나 삶으로나 늘 제주와 함께 하는 그런 작가가 있습니다. 현기영 선생이 바로 그런 분인데요, 오늘 소개할 책이 현기영 선생이 지은『지상에 숟가락 하나』입니다.

　현기영은 1975년 동아일보 신춘문예에 단편「아버지」가 당선되면서 작품활동을 시작하여, 제주 4·3을 소설로 형상화한 『순이삼촌』, 영화 이재수난의 원작에 해당되는 『변방에 우짖는 새』, 그리고 한국일보 문학상을 수상한, 오늘 소개하는 『지상에 숟가락 하나』 등 문학사적으로 아주 의미 있는 작품들을 발표하셨지요.

특히 이 소설을 읽다보면 이제는 흑백사진에나 나올 법한 우리의 어릴 적 고향동무들, 이를테면 어머니가 옷 가져간 줄도 모르고 헤엄치다가 여자애들 볼세라 불알만 잡고 뛰던 똥깅이, 입 속까지 흘러 내리던 국수가락 같은 코를 한순간 들이마시는 누렁코, 나무타기도사 웬깅이 등 그리운 벗들이 펼치는 천진무구한 세상과 만나는 일도 이 소설을 읽는 또 다른 맛이라 할 수 있겠는데요, 그 한 부분을 소개합니다.

나뿐만 아니라, 내 주위의 다른 애들도 대개 별명으로 불리웠다. 제대로 된 이름은 학교 출석부에만 있을 뿐, 내 이름이 깅이로 불러지듯이(똥깅이, 땜통), 원경이는 웬깅이, 준영이는 주냉이가 되고, 그 밖에는 이름과 상관없이 돌패기, 쇠똥이, 그리고 입술이 오므라든 모양이 닭의 미주알 같다고 닭똥고망 등으로 통했다.

제주 4·3을 애니메이션으로 준비하고 있는 박재동 화백의 『오돌또기』에 등장하는 인물들이 바로 여기서 탄생되었음은 익히 알려진 사실입니다.

현기영은 이 작품을 통해서 '손가락 사이로 빠져나가 버린 그 시절의 편린이라도 붙잡아보려고 이 작품을 위해 부질없는 노력을 하고 있다' 면서 이렇게 쓰고 있지요.

나는 시간의 자식, 시간의 냇물 속에서 태어나 그 흐름 속에 몸 맡겨 부대껴온 바위같은 존재일 것이다. 하상에 뿌리박힌 그 바윗돌 주위로 냇물은 쉬지 않고 흘러갔고, 이제 중늙은이의 길로 들어선 나의 이마에는 그 시간의 침식작용에 의한 주름살들이 내 천(川)자로 파여져 있다. 흘러간 물은 돌아오지 않고, 조만간 그 내는 물이 말라 시간이 정지될 것이다.

오, 시간의 덧없음이여. 진화의 생명력으로 충만했던 나의 유년, 나의 소년이여.

지금 현기영은 귀향연습을 하고 있습니다. 고향을 떠나 있으면서 한번도 고향을 잊어본 적이 없는 작가는 부친의 죽음을 계기로 귀향을 꿈꾸게 됩니다.

그의 역작 『지상에 숟가락 하나』를 우리가 읽는다는 것은 곧, 현기영의 유년 시절과의 만남이며, 더 나아가 본래적 의미의 제주섬과의 만남이며, 우리 자신이 변방이 아니라 중심임을 알게 해주는 소중한 만남으로 기억될 것입니다.

소설 속의 그 부분을 소개합니다.

아버지가 돌아가신 지금, 나의 얼굴은 점점 내 방에 걸린 아버지의 영정의 모습을 닮아가고 있다. 아버지의 죽음은 당신과 나 사이에 놓여 있던 세월의 간격은 물론 불편했던 여러 과정들을 일시에 제거하면서 나를 바로 아버지의 그 자리에 옮아가게 만들었다. 그리고 아버지를 잃음으로서 나는 아무 완충 없이 죽음과 직접 연관지어졌다.

그러니까, 내 얼굴 모습이 영정 속의 아버지를 닮아간다는 것은 그 다음의 죽음은 내 차례라는 뜻이기도 한 것이다. 죽음이 궁극적으로 나를 자연으로 데려갈 것이다. 이렇게 귀향을 연습하는 것도 그 때문이다.

자연으로 돌아가기 위해 귀향연습을 하는 지금의 나에게는 그 동안의 서울생활이란 부질없이 허비해버린 세월처럼 여겨진다. 저 바다 앞에 서면 궁극적으로는 내가 실패했음을 자인할 수밖에 없다. 내가 떠난 곳은 변경이 아니라 세계의 중심이라고 저 바다는 일깨워준다. 그리하여 나는 그 영원의 말씀에 귀를 기울이기 위해 모태로 돌아가는 순환의 도정에 있는 것이다.

다만 흘러가는 것들을 듣는다
(박남준/문학동네)

　오늘은 24절기의 여섯째로 청명(清明)과 입하(立夏)의 중간인 곡우인데요. 봄비가 내려 백곡(百穀)이 윤택해진다는 뜻이겠지요. 들판의 붉은 동백, 노란 복수초는 진 지 이미 오래고, 노란 개나리, 하얀 목련, 연분홍 산벚꽃, 병아리빛 유채꽃들도 지고, 이제는 나무에 물이 올라 푸르름을 준비하는 때가 바로 지금이지요.
　이 계절에 전라북도 전주 인근에 있는 모악산에서 풀꽃들과 함께, 버들치라는 민물고기와 함께 살아가면서 시를 쓰고 있는 박남준 시인의 시집 『다만 흘러가는 것들을 듣는다』를 소개할까 합니다.

박남준 시인은 1984년 시전문지 『시인』을 통해서 작품활동을 시작하여 시집으로는 『세상의 길가에 나무가 되어』, 『그 숲에 새를 묻지 못한 사람이 있다』 등이 있고, 산문집으로는, 『작고 가벼워질 때까지』, 『별의 안부를 묻는다』 등이 있지요.
　『다만 흘러가는 것들을 듣는다』의 첫장을 넘기면 그가 쓴 自序가 있는데요, 그 내용을 소개합니다.

　　내일의 일보다는 지나온 길을 반문하는 일이 그리하여 가위눌리는 일이 내겐 익숙하다. 얼마나 흔들리며 여기에 이르렀는가 조금은 나아가고자 했으나 나의 삶이며 시의 발길은 여전하다. 이제 버리기 위해, 나의 시를 위해 이 시집을 묶고 이 시집을 버린다.
　　마흔을 넘어서도 이 따위의 시를 쓰다니….
　　이 시집이 그에 다름아니다.
　　나는 이렇게 흘러왔다.

　'마흔을 넘어서도 이 따위의 시를 쓰다니' 라는 말이 마치 이 시집을 읽고 있는, 더욱이 시를 쓴답시고 머리를 풀어헤친 사람들을 향한 무거운 중얼거림으로 들려 가슴이 뜨끔했는데요, 이 시집의 제목이기도 한 「다만 흘러가는 것들을 듣는다」를 소개합니다.

뒷마루에 앉아 다만 흘러가는 것들을 바라본다 마당 한쪽 햇
살이 뒤척이는 곳 저것 내가 무심히 버린 놋숟가락 목이 부러진
　화순 산골 홀로 밭을 매다 다음날 기척도 없이 세상을 떠난 어
느 할머니, 마루 위엔 고추며 채소 산나물을 팔아 마련한 돈 백만
원이 든 통장과 도장이 검정 고무줄에 묶여 매달려 있었다지
　마을 사람들이 그 돈으로 관을 마련하고 뒷일을 다 마쳤을 때
그만 넣어왔다 피붙이도 없던 그 놋숟가락 언젠가 이가 부러져
솥 바닥을 긁다가 목이 부러져 내 눈밖에 뒹굴던 것
　버려진 것들이 흔들리며 옛일을 되돌린다 머지않아 내일을 밀
어올린다 가만히 내 저금통장을 떠올린다 저녁이다 문을 닫고
눕는다 다만 흘러가는 것들을 듣는다

박남준 시인이 살고 있는 모악산방으로 전화를 해본 사람들은
잘 알겠지만 직접 전화를 받는 경우는 정말 드뭅니다. 한두 차례의
신호음이 끝나면 박남준 시인의 목소리로 녹음한 자동응답기가 대
답을 하는데요, 계절 이야기, 날씨 이야기, 집 주변의 풍경이야기,
신변잡기들을 소개하는데 그 자체가 아주 훌륭한 시편이자 산문이
기도 하지요. 며칠 전에 전화를 했는데 이런 목소리가 들렸습니다.

　모처럼 비가 오려나 봅니다. 봄비말이에요. 꽃이 활짝 피었
는데… 이 비 때문에 꽃이 지지나 않을까 걱정이네요. 연락사
항 남겨두시고요, 그럼 안녕.

그의 시 속에는 그리움이나 외로움만 있는 게 아닙니다. 세상에 대한 단호함이 요소요소에 배어 있는데요, 그래서 정양 시인은 박남준 시인에 대해 이렇게 말합니다.

더럽고 속스러운 것들에 대한 특유의 단호함과 한 세상을 삭이고 사는 쓸쓸함은 박남준 시인의 경우 서로 별개의 것이 아니다. 겉과 속이 서로 어긋나는 게 보통인데 이슬 먹고 사는 듯 깨끗하고 고운 모습의 그는 그래서 속 모습이 더 참되고 깨끗하고 곱다. 그 쓸쓸함과 단호함과 참됨이 어떻게 곱고 깨끗하고 단단한 속 모습으로 빚어지는가를 그의 시를 두어 편 읽어보면 어렵지 않게 헤아리게 될 것이다. 전라도 모악산 기슭, 아직 허물지 않은 띠집, 무당이 살다 떠났다는 그곳의 깨끗하고 곱고 쓸쓸한 풍류객 박남준 시인은 요즘 잠시 외출중이다. 참이슬 아침이슬 곰바우… 그런 술병들을 밀치고 겨울햇살이 토방마루에 걸터앉아서 이 세상에 참으로 소중한 것이 무엇인가를 곰곰 헤아리며 그를 기다리고 있다.

시집에 들어있는 시를 읽다보면 마치 시인 박남준을 보는 듯한 시편들이 눈에 많이 띄는데요, 그 중에 「바람 아래 겨울나무」라는 시를 소개합니다.

마음속에 길을 가지고 있었는가 고여 있는 사람이 있네 새들

과 풀벌레 스스로 죄지은 것 없어 부끄러움 없는 것들이 다가가
면 멈추고는 했네 오래 머물렀으나 바람 부는 대로 흔들렸네 할
일이 남은 모든 것들 몸을 낮춰 땅으로 내려앉은 가을이면 빈
몸의 겨울숲에 들어도 사내는 웅크린 채
　아무래도 이건 아니야 사내는 다만 마음속의 길만을 생각했
네 잊었다는 듯이 겨울이 오고 더불어 떠나는 자들의 시간이
바람처럼 길가에 자욱해도 사내는 다만 가지 못한 길만을 생각
했네

　겨울나무숲에 눕는다 너도 이렇게 이 자리에 붙박혀버렸느
냐 그리하여 바람이 불 때마다 나부끼며 그렇게 그렇게 바람 아
래 서서

그의 집으로 가기 위해 차에서 내려 개울가를 따라 인적이 드문 길을 걷다보면 미루나무들이 모여 사는 데를 지나게 되는데요, 언젠가 큰 비바람을 견디지 못해 미루나무 한 그루가 길 위에 가로놓여 있었습니다. 오며가며 그 미루나무와 많은 얘기를 나누었을 박남준 시인은 그 쓰러진 미루나무를 보면서 「미루나무가 쓰러진 길」이라는 시를 남깁니다.

　꿈을 꾸었다 꿈을 꾸는 동안 바람이 불고 나무가 쓰러지고 큰
비가 내렸다 꿈 밖은 아직 여전한데 쓰러진 나무들은 태어나 처

음으로 낯익은 길을 베고 저 세상의 길을 떠난다 잔 바람에도 미루나무는 얼마나 반짝이는 푸른 손짓으로 바람을 불러모았던가 나무가 누워있는 동안 이 산길 미루나무의 노래는 다시 들리지 않을 것이다
  바람의 나무, 바람의 손바닥이라 부르던
  저 쓰러진 나무와
  다 버릴 수 없어 허리를 자른 나무들 사이에 나는 오래 망설인다 나무에 등 기대어 거기 스스로를 가두고 나무처럼 쓰러져 있다고 여긴, 나무가 쓰러지며 지워버린 한평생 저 허공중의 길과 내가 한때 쓰러졌다 여긴 이 길 위에서 나의 오늘을 물어본다

부드러운 직선
(도종환/창작과비평사)

　지난해 봄꽃들이 지는 걸 보면서 내게로 돌아왔다. 여름에 무성했던 잎들이 가을에 다 지고 겨울바람 앞에 빈 가지로 서 있는 나무들을 보면서 하루하루를 견디어냈다. 이번 가을 겨울이 지나면 십 년의 해직생활도 정리가 될 것 같다. 그렇게 되면 이제는 숲 뒤에 서 있고 싶다. 한 그루의 나무가 되어 섞여 있고 싶다. 더 낮은 곳으로 가 있고 싶다.

　이 글은 1998년에 도종환 시인이 발간한 시집 『부드러운 직선』

의 저자 후기입니다. 글쎄, 여러분들은 어떤지 모르지만 저는 시집을 손에 잡으면 후기 또는 자서(自序)를 먼저 읽는 버릇이 있는데요, 여기저기 흩어졌던 시편들을 하나의 이름으로 엮어내면서 시인 자신이 길 떠나는 자식 같은 시편들을 위한 갈무리가 다름 아닌 자서 또는 후기여서 그런 버릇이 생겼는지도 모르겠습니다.

'숲의 뒷편, 낮은 곳에 한 그루의 나무로 서 있고 싶다' 는 시인의 마음을 「나무」라는 시를 통해서 느껴보겠습니다.

퍼붓는 빗발을 끝까지 다 맞고 난 나무들은 아름답다
밤새 제 눈물로 제 몸을 씻고
해 뜨는 쪽으로 조용히 고개를 드는 사람처럼
슬픔 속에 고요하다

바람과 눈보라를 안고 서 있는 나무들은 아름답다
고통으로 제 살에 다가오는 것들을
아름답게 바꿀 줄 아는 지혜를 지녔다

잔가지만큼 넓게넓게 뿌리를 내린 나무들은 아름답다
허욕과 먼지 많은 세상을
견결히 지키고 서 있어 더욱 빛난다
무성한 이파리와 어여쁜 꽃을 가졌던 겨울나무는 아름답다

모든 것을 버리고 나도
결코 가난하지 않은 자세를 그는 안다

그런 나무들이 모여 이룬 숲은 아름답다
오랜 세월 인간들이
그런 세상을 만들지 못해 더욱 아름답다

시인은 시인 또는 인간으로서 나무를 보고 있는 것이 아니라 한 그루의 나무가 되어 나무를 바라보면서 세상살이를 관조하고 있습니다. 정작 시인은 나무를 보기 위해서 나무가 되고자 한 것이 아니라 세상의 모습을 티 없는 눈으로 바라보기 위해서 나무가 되고자 한 것이겠지요.

도종환 시인은 1984년 동인지 『분단시대』를 통해서 작품활동을 시작하여 그의 이름을 세상에 널리 알린 『접시꽃 당신』, 전교조 해직교사로서 교육의 문제를 탁월한 서정성에 접목시킨 『지금 비록 너희 곁을 떠나지만』 그리고 만해(卍海)의 정신과 소월의 서정성을 하나로 승화시켰다는 평을 받는 『당신은 누구십니까』 등의 대표시집을 가지고 있습니다.

오래 전의 일입니다만 시인은 사랑하는 아내를 안개꽃 몇 송이와 함께 땅속에 묻고 돌아오면서 '살아 평생 당신께 옷 한 벌 못해

주고/당신 죽어 처음으로 베옷 한 벌 해 입혔네'라고, 그의 유명한 시집 『접시꽃 당신』에서 가슴 저리게 노래한 바 있는데, 시인은 그 사랑을 온통 이 땅의 교육과 소외 받는 사람들을 위해 헌신하다가 정직하지 못한 정권에 의해 해직과 부옥을 감내하고 이제는 그토록 그리던 교단에 돌아와 충청북도 어느 시골의 조그마한 중학교에서 국어를 가르치면서 자신을 되돌아보고 세상에 대해서 온유하면서도 단호하게 이야기합니다. '부드러운 직선'으로 살아가자고 말입니다.

부드러운 직선! 이 얼마나 눈부신 모순형용입니까? 곧은 길로 나아가되 부드러워지라는 일깨움이겠지요. 내 삶이 혹은 우리의 삶이 '부드러운 직선'이 아니라 '부끄러운 곡선'을 그리며 살아온 건 아닌지를 되돌아보게 합니다. 하루를 여는 이 시간에 여러분도 잠시 생각해 보시지 않으시겠습니까? 내 삶은 '부드러운 직선'을 그리며 살아왔는가 아니면 '부끄러운 곡선'을 그리며 살아온 건 아닌가 하고 말입니다.

여러분은 자신이 나무라면 혹은 나무로 다시 태어난다면 무슨 나무가 되고 싶으신지요?
도종환 시인은 서슴없이 가죽나무이고자 합니다. 정호승 시인이 나무의 시인이라고 부르기를 주저하지 않는 도종환 시인의 시, 「가죽나무」라는 시를 소개합니다.

나는 내가 부족한 나무라는 걸 안다
내딴에는 곧게 자란다 생각했지만
어떤 가지는 구부러졌고
어떤 줄기는 비비 꼬여 있는 걸 안다
그래서 대들보로 쓰일 수도 없고
좋은 재목이 될 수 없다는 걸 안다
다만 보잘것없는 꽃이 피어도
그 꽃 보며 기뻐하는 사람 있으면 나도 기쁘고
내 그늘에 날개를 쉬러 오는 새 한 마리 있으면
편안한 자리를 내주는 것만으로도 족하다
내게 너무 많은 걸 요구하는 사람에게
그들의 요구를 다 채워줄 수 없어
기대에 못 미치는 나무라고
돌아서서 비웃는 소리 들려도 조용히 웃는다
이 숲의 다른 나무들에 비해 볼품이 없는 나무라는 걸
내가 오래 전부터 알고 있기 때문이다
하늘 한 가운데를 두 팔로 헤치며
우렁차게 가지를 뻗는 나무들과 다른 게 있다면
내가 본래 부족한 나무라는 걸 안다는 것뿐이다
그러나 누군가 내 몸의 가지 하나라도
필요로 하는 이 있으면 기꺼이 한 팔짝을

잘라줄 마음자세는 언제나 가지고 산다
부족한 내게 그것도 기쁨이겠기 때문이다

바닷가 우체국
(안도현/문학동네)

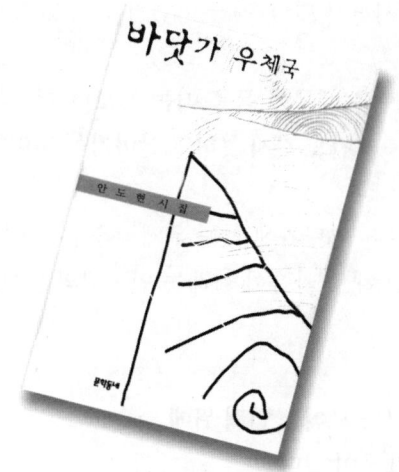

　어린이날, 어버이날은 잘 지내셨는지 모르겠습니다. 그러고 보면 5월은 참 행사가 많은 달 같습니다. 아마 봄기운이 생동하는 달이어서 그런 게 아닌가 생각해 봅니다.
　오늘 소개할 책은 시집인데요, 『바닷가 우체국』이라는 시집입니다.
　많은 분들의 사랑을 받고 있는 안도현 시인의 시집이지요.
　안도현 시인은 교직을 그만두고 오로지 창작에만 몰두하고 있는 시인인데요, 시 외에도 어른들을 위한 동화라는 이름으로 『연어』,

『사진첩』,『짜장면』을 비롯해서 최근에 내놓은『증기기관차 미카』
등 가슴 찡한 좋은 글을 많이 쓰고 있는 작가입니다.
　『증기기관차 미카』에는 이런 구절이 있지요.

　'외로움 때문에 몸을 떠는 것보다 더 불행한 것은 외로움을
느껴볼 시간도 갖지 못하고 살아가는 것이다'

　여러분은 바닷가에 있는 우체국을 본 적이 있습니까?
　듣기만 해도 가슴이 설레는 안도현의「바닷가 우체국」을 소개합니다.

　　바다가 보이는 언덕 위에
　　우체국이 있다
　　나는 며칠 동안 그 마을에 머물면서
　　옛사랑이 살던 집을 두근거리며 쳐다보듯이
　　오래오래 우체국을 바라보았다
　　키 작은 측백나무 울타리에 둘러 싸인 우체국은
　　문 앞에 붉은 우체통을 세우고
　　하루 내내 흐린 눈을 비비거나 귓밥을 파기가 일쑤였다
　　우체국이 한 마리 늙고 게으른 짐승처럼 보였으나
　　나는 곧 게으름을 이해할 수 있었다
　　내가 이 곳에 오기 아주 오래 전부터

우체국은 아마
두 눈이 짓무르도록 수평선을 바라보았을 것이고
그리하여 귓속에 파도 소리가 모래처럼 쌓였을 것이었다
나는 세월에 대하여 말하지만 결코
세월을 큰 소리로 탓하지는 않으리라
한번은 엽서를 부치러 우체국에 갔다가
줄지어 소풍가는 유치원 아이들을 만난 적이 있다
내 어린 시절에 그랬던 것처럼
우체통이 빨갛게 달아오른 능금 같다고 생각하거나
편지를 받아먹는 도깨비라고
생각하는 소년이 있을지도 모르는 일이었다
그러다가 소년의 코밑에 수염이 거뭇거뭇 돋을 때쯤이면
우체통에 대한 상상력은 끝나리라
부치지 못한 편지를
가슴속 주머니에 넣어두는 날도 있을 것이며
오지 않는 편지를 혼자 기다리는 날이 많아질 뿐
사랑은 열망의 반대쪽에 있는 그림자 같은 것
그런 생각을 하다보면
삶이 때로 까닭도 없이 서러워진다
우체국에서 편지 한 장 써보지 않고
인생을 다 안다고 말하는 사람들을 또 길에서 만난다면
나는 편지봉투의 귀퉁이처럼 슬퍼질 것이다

바다가 문 닫을 시간이 되어 쓸쓸해지는 저물녘
퇴근을 서두르는 늙은 우체국장이 못마땅해할지라도
나는 바닷가 우체국에서
만년필로 잉크 냄새 나는 편지를 쓰고 싶어진다
나는 이 세상에 살아남기 위해 사랑을 한 게 아니었다고
나는 사랑을 하기 위해 살았다고
그리하여 한 모금의 따뜻한 국물 같은 시를 그리워하였고
한 여자보다 한 여자와의 연애를 그리워하였고
그리고 맑고 차가운 술을 그리워하였다고
밤의 염전에서 소금 같은 별들이 쏟아지면
바닷가 우체국이 보이는 여관방 창문에서 나는
느리게 느리게 굴러가다가 머물러야 할 곳이 어디인가를 아는
우체부의 자전거를 생각하고
이 세상의 모든 길이
우체국을 향해 모였다가
다시 갈래갈래 흩어져 산골짜기로도 가는 것을 생각하고
길은 해변의 벼랑 끝에서 끊기는 게 아니라
훌쩍 먼바다를 건너기도 한다는 것을 생각한다
그리고 때로 외로울 때는
파도 소리를 우표 속에 그려 넣거나
수평선을 잡아당겼다가 놓았다가 하면서
나도 바닷가 우체국처럼 천천히 늙어갔으면 좋겠다고 생각한다

바닷가 우체국처럼 천천히 늙어갔으면 좋겠다는, 한 폭의 수채화 같은 시인데요. 그 어디엔가 있을 바닷가 우체국에는 틀림없이 빨간 우체통이 있을 것이고 그 주위에는 우체통을 찾는 사람들을 반기는 예쁜 꽃들이 피어 있겠지요.

시집 『바닷가 우체국』에 실려 있는 시 중에 '아, 맞다' 하는 탄성을 지르게 했던 시, 「꽃」을 소개합니다.

> 바깥으로 뱉어내지 않으면 고통스러운 것이
> 몸 속에 있기 때문에
> 꽃은, 핀다
> 솔직히 꽃나무는
> 꽃을 피워야 한다는 게 괴로운 것이다
>
> 내가 너를 그리워하는 것,
> 이것은 터뜨리지 않으면 곪아 썩는 못난 상처를
> 바로 너에게 보내는 일이다
> 꽃이 허공으로 꽃대를 밀어 올리듯이
>
> 그렇다, 꽃대는
> 꽃을 피우는 일이 너무 힘들어서

자기 몸을 세차게 흔든다
사랑이여, 나는 왜 이렇게 아프지도 않는 것이냐

몸 속의 아픔이 다 말라버리고 나면
내 그리움도 향기 나지 않을 것 같아 두렵다

살아남으려고 밤새 발버둥을 치다가
입안에 가득 고인 피,
뱉을 수도 없고 뱉지 않을 수도 없을 때
꽃은, 핀다

벙어리 달빛
(이원규/실천문학사)

행여 지리산에 오시려거든
천왕봉 일출을 보러 오시라
삼대째 내리 적선한 사람만 볼 수 있으니
아무나 오지 마시고
원추리 꽃무리에 흑심을 품지 않는
이슬의 눈으로 오시라
행여 반야봉 저녁노을을 품으려면
진실로 진실로 지리산에 오려거든

섬진강 푸른 산그림자 속으로
백사장의 모래알처럼 겸허하게 오시라

　방금 소개한 시는 이원규 시인의 산문집 『벙어리 달빛』의 첫머리에 수록된 시인데요, 먼저 이원규 시인을 소개하면 1984년 『월간문학』에 「유배지의 들꽃」, 1989년 『실천문학』에 「빨치산 아내의 노래」 등을 발표하면서 작품 활동을 시작하여 시집으로는 『빨치산의 편지』, 『지푸라기로 다가와 어느덧 섬이 된 그대에게』, 『돌아보면 그가 있다』 등이 있고, 서울에서 기자 생활을 청산하고 혼자 지리산에 내려와 지리산과 벗하며 지리산처럼 살아가고 있는 시인입니다.

　은어떼 솟구치는 섬진강 달빛 아래서 투망을 던지는 섬진강변 사도리라는 마을의 벙어리, 잡은 고기란 고기는 다 놓아주는 그 벙어리에 대한 이야기로 『벙어리 달빛』이란 제목을 붙인 이 책은 '무련' 이라는 마음속의 여인에게 지리산에서 쓰는 편지 형식으로 쓰여진 산문집입니다.
　책 속에 실려있는 「그대는 너무 먼 곳에 있다」의 첫 부분을 읽어봅니다.

　갑자기 휘몰아친 새벽 빗소리에 잠을 깼습니다.

꿈속에서 막 그대 가까이 다가서려던 중이었지요.
하지만 그리 안타깝지만은 않습니다.
행여 나처럼 불면의 밤을 보내고 있을 그대를 생각하면 오히려 새벽 빗소리가 고마울 따름이지요.
방문을 열어두고 촛불을 켜니 처마 끝의 빗방울들도 순간이지만 저마다 하나씩의 촛불을 품에 안은 채 떨어지고 있습니다.
나도 그대의 가슴 위로 떨어지는 하나의 빗방울이 되어 못다 쓴 시를 다시 씁니다.

산에 혼자 사는 외로움 때문에, 누군가에 대한 그리움 때문에 잠 못 이루다가 빗소리에 잠에서 깨어 촛불을 켜놓고 빗방울을 응시하다가 빗방울에도 촛불 하나씩 켜 놓고 떨어지고 있음을 알고, 그대의 가슴 위로 비가 되어 떨어지고 싶은 마음에 못다 쓴 시를 다시 쓰는 마음이 바로 이원규 시인의 마음입니다.
그리고는 이렇게 시를 씁니다.

    잠자리 한 마리
    허공에 편지를 쓰면
    나는 그저 베낄 뿐

    섬진강 은어가

물 속에 그대의 얼굴을 그리면
나는 그저 바라만 볼 뿐

무련,
그대는 너무 먼 곳에 있다
해 저문 강둑에 서서
바람의 두 귀를 잡고
아득한 그대의 이름을 부른다

하늘 아래 첫 동네 이원규 시인이 들어 사는 집 그 바로 뒤에는 할머니 한 분이 사시는데, 그 할머니에 대한 이야기를 이원규 시인은 「감잎 두 장」이라는 제목으로 쓰고 있는데요, 그 중 일부를 소개합니다.

    그러니까 할머니가 뭐라도 내게 가져올 때는 하얀 사발에다 담아오는데, 꼭 그 위에 감잎 두 장을 예쁘게 얹어서 들고 옵니다. 우리 집까지 먼 거리도 아니고 비가 오는 것도 아닌데 언제나 그렇습니다.
    오늘은 깻잎을 가져오셨는데, 깻잎 위에 감잎 두 장을 살짝 얹어 왔습니다. 나는 맨발로 뛰어나가 얼른 감잎 덮인 하얀 사발을 받아 들지만 함부로 감잎을 버릴 수가 없습니다. 오히려 깻잎보다 감잎이 더 소중해 보였기 때문이지요.

감잎 두 장에 서려 있는 할머니의 마음을 생각하면 지금도 가슴이 풋풋해집니다.

지리산으로 들어간 이원규 시인에게는 그저 보통 사람들이 하는 산행이나 요양과는 다른 그 무엇이 있습니다. 지리산이 되기 위해 그리로 간 것이지요. 그가 그토록 애타게 찾고 있는 마음 속의 여인, 무련은 다름 아닌 지리산 그 자체라고 할 수 있는데요, 그는 자신의 마음을 이렇게 표현합니다.

일평생 내가 추구해야할 게 있다면 바로 이것이지요.
무련, 그대와 내가 하나 되는 것. 그대와 나의 경계가 사라지고 마침내 한 몸이 되는 것. 그 날이 바로 나의 열반입니다.
단 하나의 사리도 남기지 않고, 죽어서 나무와 풀과 흙과 바람과 물이 되는 것,
그 날이 바로 내 생의 시작이겠지요.

혹시나 지리산으로 가서 이원규 시인을 만나고 싶다면 굳이 찾지 않아도 좋을 것 같습니다. 이원규 시인이 곧 지리산이고 지리산이 바로 무련이고, 무련이 다름 아닌 이원규 시인이니까요.

허공
(문충성/문학과지성사)

유월입니다.

올해도 벌써 반이 지나고 있습니다. 흔히들 세월을 흐르는 물에 비유하곤 하는데 정말 물 흐르듯 흘러가는 게 세월인 것 같습니다.

흔히 하는 말 중에 이런 말이 있지요.

'오늘'은 어제 죽은 이가 그토록 살고싶어 하던 '내일'이다.

유월이 시작되는 첫 날, 의미 있게 하루를 시작하시길 바랍니다.

오늘 소개할 책은 시집인데요, 제주의 큰 시인인 문충성 시인이 펴낸 『허공』이라는 시집을 소개할까 합니다.

문충성 시인은 1977년 『문학과 지성』을 통해 작품활동을 시작하는데 그 이름을 세상에 널리 알린 첫 시집 『제주바다』를 비롯해서 지금 소개하는 『허공』에 이르기까지 무려 열세 권을 상재한, 그야말로 제주의 대표적인 시인이시지요.

먼저 「안경 끼고 잠든 아내 곁에」 라는 시를 소개합니다.

안경 끼고 잠든 아내 곁에
고양이처럼 웅크려 잔다
안경 끼고 자면 잠 속에서도
잘 보이는 것일까 저승까지도
그래서 알 수 없는 헛소리
코를 골고 가르랑가르랑
그 곁에서 나는 아내
머리칼 냄새에 취해
고양이 잠을 잔다 이따금
코 고는 소리로 열리는
아내의 잠은 가난하지만
눈물겨워라 내 잠 속까지
비집어들어 나를 흔든다
안경 끼고 자면 안 보이던

우리들 사랑도 보이는가
사십 년 동안 쌓아온 새하얀
우리들 한숨과 빈손

　문충성 시인은 자녀들을 모두 출가시키고 지금은 아내와 단둘이 호젓하게 지내고 있는데, 잠이 든 아내 곁에 고양이처럼 웅크리고 잠을 청하는 시인의 모습도 모습이지만, 안경 끼고 자는 아내의 모습을 보면서, '안경 끼고 자면 안 보이던/우리들 사랑도 보이는가/사십 년 동안 쌓아온 새하얀/우리들 한숨과 빈손'이라는 구절에서는 삶의 연륜에서 우러나오는 노부부의 쓸쓸함 또는 애틋한 사랑을 느껴볼 수가 있을 것입니다.

　『허공』에는 어떤 쓸쓸함이랄까, 외로움, 죽음을 관조하는 겸허로움이 배경으로 깔려 있는 그런 시들이 눈에 띄는데요, 시집의 맨 끝에 실려 있는 「마지막 눈이 내릴 때」라는 시를 소개하겠습니다.

첫눈이 내릴 때 연인들은
만날 약속한다 공원에서
카페에서 서점에서 뮤직홀에서
인생은 연극이니 극장 앞에서
만나 연애를 하고 더러는
헤어지고 가볍게 그래

마지막 눈이 내릴 때
우리는 만날 수 있을까
허연 머리칼 위로 떨어지는 눈송이 눈송이
눈송이는 떨어질까
차가운 손 마주 잡고 눈물 글썽이며
우리는 만날 수 있을까 말없이
눈 내리는 공동묘지 근처
아니면 인생은 연극이니 극장 앞에서
아니면 이젠 없어진 뮤직홀에 앉아
나직이 드뷔시나 들으며
마지막 눈소리나 들으며

언젠가 문충성 시인으로부터 '정말 좋은 시, 부끄럽지 않은 시, 그런 시 한편을 쓰기 위해 끊임없이 쓰고 또 쓴다' 는 말을 듣고, 시를 쓰는 사람으로서 깊게 반성한 적이 있었는데요, 끝으로 시집의 제목에 해당하는 「허공」이라는 시를 소개합니다.

원래 하늘은 비어 있습니까?
누가 처음 하늘을 '虛空' 이라 불렀습니까?
그 허공을 찾아 얼마나 많은 사람들이 길 떠났습니까?
그러나 허공은 비어 있어 끝내 찾지 못했습니까?
비어 있는 것들은 그러므로 찾지 못하는 것입니까?

그래서 비어 있는 하늘은 비어 있는 대로 그냥 있습니까?
허공을 찾는 이들
길에서 저물어
빈 길 되듯

그러나 한 번도 허공을 찾지 않는 이들도 있습니까?
비행기나 만들어 띄우며
아스팔트 신작로나 만들며

30년 동안 줄곧 나는 허공을 찾았습니까?
나는 허공을 찾지 못합니까?
아아, 허공 하나가
눈으로 들어와
가슴속에
하나 가득 허공을 만듭니까
만듭니까 허공이
새로운 허공을

혼자만 잘 살믄 무슨 재민겨
(전우익/현암사)

여러분은 '잘 산다' 라는 의미를 어떻게 받아들이십니까?

물론 사람에 따라서 돈을 많이 갖고 있는 사람을 그렇게 표현하기도 하고, 잔병치레 없이 건강하게 사는 사람을 잘 산다고 얘기하기도 하지요.

하지만 맑은 정신을 가지고 그것을 실천하는 사람이 진정으로 잘 사는 사람이 아닐까 하는데요, 그런 의미에서 오늘 소개할 책은 전우익 선생이 지은 '고집쟁이 농사꾼의 세상사는 이야기' 라는 부제가 달린『혼자만 잘 살믄 무슨 재민겨』라는 경상도말로 된 편지

모음집입니다.

  선생은 경북 봉화에서 손수 농사를 지으면서 대자연의 이치를 터득하고 인생을 배우면서 사는 분입니다.
  스님과 보살님에게 띄우는 열두 편의 편지로 이루어진 이 책의 발문(跋文)은 신경림 시인이 쓰고 있는데요, 그 한 부분을 소개합니다.

    그는 지금 봉화군 상운면 구천리에, 할아버지대부터 살던 낡은 기와집에 혼자 산다.
    아들 딸들은 모두 나가 살고 아내도 딸을 따라가 산다.
    논농사는 힘에 부쳐 밭농사만 직접 한다.
    밥도 혼자 해 먹고 빨래도 직접 한다.
    그는 될 수 있는 대로 간단하게 산다.
    먹는 것은 늘 밥에 찬 한두 가지면 된다.
    수도가 없어 우물물을 쓰는데 세수할 때도 비누를 쓰지 않는다.
    옷은 합성세제는 물론 비누도 쓰지 않고 그냥 물에 헹구어 널었다가 입는다.
    이렇게 사니까 쓰레기가 전혀 없어 너무 좋다고 그는 말한다.

이 책에는 농사를 짓는 과정을 통해 자연에서 터득한 삶의 진리를 담담하게 소개하면서 물질문명에 찌들어 살고 있는 현대인들에게 어떻게 사는 것이 참되게 사는 것인지를 조용한 목소리로 일러주고 있는데요, 그 한 부분을 소개합니다.

    호박도 한 구덩이 크게 파서 심었습니다.
    아침 일찍부터 노랗게 피는 호박꽃과 저녁 무렵에 하얗게 피는 박꽃은 색깔뿐만 아니라 느낌도 아주 대조됩니다.
    겨울의 눈꽃을 합치면 식물은 일 년 내내 갖가지 꽃을 피워내는 셈입니다.
    사람도 이렇게 일년 내내 꽃 피우며 살라고 그런 것 같습니다.
    꽤나 여러 가지 심었는데 그 꽃들이 곡식과 어울리는 데서 여러 가지 기쁨과 교훈을 얻어 삶을 더 다양하고 풍성하게 했으면 얼마나 좋을까 싶습니다.

우리가 무심히 지나치는 꽃과 곡식들 속에서도 삶의 진리를 터득하고 있는 선생의 모습을 엿볼 수 있는데요, 책의 말미에 나오는 「한 해를 보내면서」라는 편지글 중의 한 부분을 소개합니다.

    인생이란 각자가 평생을 바쳐 스스로의 자화상을 만들어 가는 것이라고 말하기도 하지요.

그가 떠난다며 하는 말이 "공든 탑이 무너졌다"고 했어요.
탑이 무너진다고 안타까워 할 일은 아니죠.
중요한 건 그 탑을 얼마나 공들이고 정성을 쏟아 쌓았는지에 있습니다.
그 탑을 쌓으면서 그가 얼마나 성실한 인간으로 자랐는지에 있다고 여겨요.
돌아서자마자 탑이 무너진다고 해서 그리 놀랄 건 없어요.
탑을 쌓으면서 그의 마음속에 어떠한 생각이 싹트고 자랐으며 그의 됨됨이가 어떻게 변했는지가 소중하겠지요.

나무야 나무야
(신영복/돌베개)

　어디론가 훌쩍 떠나고 싶은데 막상 떠날 수 없을 때, 이런 저런 상념 때문에 생각의 갈피를 잡지 못할 때, 저는 『감옥으로부터의 사색』으로 널리 알려진 신영복 선생의 편지글 『나무야 나무야』를 읽곤 합니다.
　선생은 소위 통혁당 사건에 연루된 혐의로 무기징역을 선고 받고 20여 년의 복역 끝에 지난 88년에 특별가석방으로 출소하여 지금은 성공회대학교에서 정치경제학과 한국사상사를 강의하고 계시지요.

'국토와 역사의 뒤안에서 띄우는 엽서' 라는 부제를 단 『나무야 나무야』는 경남 밀양의 얼음골을 시작으로 철산리 바닷가에 이르기까지 스물 다섯 군데를 찾아다니면서 그 감회를 기록한 일종의 기행문이라 할 수 있는데요,
먼저 머리글에 나오는 소감을 소개합니다.

**글을 쓰기 위해 떠난 여행은 편한 것이 아니었습니다.
그리고 좋은 것도 아니라는 생각이 듭니다.
그런 부담 없이 다시 떠나보고 싶습니다.
그러면 글이 안 되는 곳에도 갈 수 있을 것 같습니다.
그러나 직접 가 본다는 것은 대단히 중요하다는 사실을 알 수 있었습니다.
가보고는 생각이 달라지기도 하였습니다.
머리보다는 발이 더 잘 알고 있다는 말을 실감하였습니다.**

신영복 선생은 「빛은 어둠을 만들고 어둠은 빛을 드러냅니다」라는 제목으로 제주 일출에서 느낀 감회를 적고 있는데 그 내용의 일부는 이렇습니다.

제주도에서 내가 당신에게 전할 수 있는 소식은 환상과 실재, 아픔과 기쁨, 좌절과 희망에 관한 이야기입니다. 생각하면 우리는 아픔과 기쁨으로 뜨개질한 의복을 걸치고 저마다의 인생

을 걸어가고 있습니다.

　기쁨과 아픔, 환희와 비탄은 하나의 창문에서 바라보는 하나의 풍경인지도 모릅니다. 빛과 그림자, 이 둘을 동시에 승인하는 것이야말로 우리의 삶을 정면에서 직시하는 용기이고 지혜라고 생각됩니다.

　빛은 어둠을 만들고 어둠은 빛을 드러내는 것이기 때문입니다.

빛과 그림자를 동시에 승인하는 삶의 자세를 일깨우는 글인데요, 오래도록 가슴에 남았습니다. 그리고「새 출발점에 선 당신에게」라는 글에서는 우리에게 이런 깨우침을 줍니다.

　나와 같이 징역살이를 한 노인 목수 한 분이 있었습니다. 언젠가 그 노인이 내게 무얼 설명하면서 땅바닥에 집을 그렸습니다.

　그 그림에서 내가 받은 충격은 잊을 수 없습니다.

　집을 그리는 순서가 판이하였기 때문입니다.

　지붕부터 그리는 우리들의 순서와는 거꾸로였습니다.

　먼저 주춧돌을 그린 다음 기둥, 도리, 들보, 서까래, 지붕의 순서로 그렸습니다.

　그가 집을 그리는 순서는 집을 짓는 순서였습니다.

　일하는 사람의 그림이었습니다.

세상에 지붕부터 지을 수 있는 집은 없습니다.
그럼에도 불구하고 지붕부터 그려온 나의 무심함이 부끄러웠습니다.

신영복 선생의 『나무야 나무야』라는 편지글은 이러한 한 줄의 문장으로 시작됩니다.

어리석은 자의 우직함이 세상을 조금씩 바꿔갑니다.

그러나 나는 살아가리라
(유용주/솔)

혹시 일기를 쓰고 계신지요?
  일기를 쓰고 있다면 그 자체만으로도 대단히 훌륭한 일을 하고 있는 것입니다. 왜냐하면 일기는 자기 자신과의 끊임없는 대화이기에 악한 심성이 끼어들 틈이 없겠기 때문입니다.

  오늘 소개할 책은 모 중앙 일간지에 『어느 잡범에 대한 수사보고』라는 제목으로 연재하고 있는 유용주 시인의 산문집 『그러나 나는 살아가리라』라는, 절절한 제목의 책입니다.

유용주 시인은 지금 충남 서산에서 농사를 지으면서 글을 쓰고 있는데, 시집으로는 『가장 가벼운 짐』, 『크나큰 침묵』 등이 있지요. 오늘 소개할 『그러나 나는 살아가리라』라는 책은 전체 4부로 구성되어 있는데, 자신이 쓴 산문, 시평, 인터뷰, 그리고 자신의 성장기 등 다양한 읽을 거리가 들어 있어 유용주를 이해하는 데 좋은 글감이라 하겠습니다.
　특히 유용주 시인에게는 그의 인덕만큼이나 주변에 좋은 사람들이 늘 함께 하는데 소설가 한창훈에 대한 얘기, 시인 박남준에 대한 얘기를 읽는 것도 큰 재미라 할 수 있겠습니다.
　책에 실려 있는 산문 한 편의 일부를 소개합니다.

　　참으로 어려운 시절이었다.
　　언제 어렵지 않은 세월이 있었던가.
　　가능한 한 시인보다 이름 없는 농사꾼으로 살고 싶었다.
　　내 힘으로 버틸 정도로만 농사를 지어 우리 식구가 먹고 나머지는 주위사람들과 전부 나누면서 살고 싶었다.
　　농사를 지은 지 채 일 년이 안 되어 몸부터 결딴이 났다.
　　나무는 그림자를 지우면서 자신을 완성한다.
　　나는 무엇을 지우면서 나를 완성할까

　우리는 흔히 기구한 인생역정을 이야기할 때 산전수전이라는 표현을 쓰는데 유용주 시인이야말로 바로 그 전형이라 해도 지나친 표현이 아닐 거라 생각합니다. 그의 노동일기에도 잘 나와 있는데, 제과점 시다, 중국집 배달부, 술집 웨이터, 공사판 목수 등 밑바닥 인생을 두루두루 살아온 그야말로 진짜 시인이지요.

그렇기 때문에 그는 '내 문학은 내 삶뿐이다' 라고 단호하게 말하는, 몇 안 되는 작가 중의 한 사람인데, 다시 산문 한 편의 일부를 소개합니다.

거미는 허공에다 집을 짓는다.
내장을 꺼내 집을 짓는다.
거꾸로 매달려 집을 짓는다.
짐이 무거우면 벗어 던지면 그만이다.
그러나 벗어 던지면 삶이 없다.
누가 당신에게 짐을 짊어 주었는가.
스스로 짊어진 짐이다.
자기가 감당할 만큼 지면 된다.
자기 몸에 알맞은 지게를 선택해서 알맞은 짐을 져야 한다.
오래 걸으려면 튼튼한 멜빵이, 굳건한 어깨와 강인한 장딴지가 필요하다.
당신의 짐은 가벼운가, 무거운가.
거미는 까마득한 허공에 거꾸로 매달려 집을 짓는다.

그는 몇 해 전에 신동엽 창작기금을 받았는데요, 그 수상식장에서 수혜소감을 통해 자신의 문학에 대해 말하고 있는데, 마지막으로 그 한 부분을 소개합니다.

다시 맨 처음의 자세로 돌아가렵니다. 더 버려진 땅으로 들어가겠습니다.
혼자 도사연한다거나 궁지에 몰린 사람들이 마지막으로 선택하는 일이 아닙니다.
여태까지는 제 자신 하나 감당하지 못해 버둥거렸고, 핍진한 가족사에 매달려 정신이 없었는데 지금부터는 옆사람, 그리고 이웃들과 어울려 사는 방법을 배우겠습니다.
더 가난하게, 더 불편하게 살 것이며 막 퍼 주면서 살 것이며, 시를 쓰지 않아도 행복할 때까지 밀어부치겠습니다.
소외 받고 못난 사람들에게도 그들만의 크고 생생한 삶의 공간이 있고 그들의 우직하고 진솔한 삶이, 썩지 않은 곳이 없는 이 땅에서 주춧돌이 되고 기둥이 된다는 믿음에서 제 문학은 다시 출발하겠습니다.

외로우니까 사람이다
(정호승/열림원)

 '나무들의 결혼식에 초대받아 낭랑하게 축시 한번 낭송해보고 싶다'는 맑은 영혼을 지닌 시인,
 '산다는 것은 외로움을 견디는 일'이라고 나직이 속삭일 줄 아는 시인,
 별과 새벽을 닮은 시인이 바로 정호승 시인인데요,
 그의 시집 『외로우니까 사람이다』라는 시집을 소개합니다.
 정호승 시인에게는 『슬픔이 기쁨에게』, 『서울의 예수』, 『사랑하다가 죽어버려라』 등의 대표 시집이 있고, 소월시문학상, 동서문학상을 수상한 이 시대의 대표적인 시인 가운데 한 분이지요.

 혹시 결혼하지 않은 분들은 귀기울이시기 바랍니다.
 『외로우니까 사람이다』에 실려 있는 「결혼에 대하여」 중에서 한 부분을 소개합니다.

　　만남에 대하여 진정으로 기도해온 사람과 결혼하라
　　봄날 들녘에 나가 쑥과 냉이를 캐어본 추억이 있는 사람과 결혼하라
　　된장을 풀어 쑥국을 끓이고 스스로 기뻐할 줄 아는 사람과 결혼하라
　　일주일 동안 야근을 하느라 미처 채 깎지 못한 손톱을 다정스레 깎아주는 사람과 결혼하라
　　콧등에 땀을 흘리며 고추장에 보리밥을 맛있게 비벼먹을 줄 아는 사람과 결혼하라
　　어미를 그리워하는 어린 강아지의 똥을 더러워하지 않고 치울 줄 아는 사람과 결혼하라
　　가끔 나무를 껴안고 나무가 되는 사람과 결혼하라
　　나뭇가지들이 밤마다 별들을 향해 뻗어 간다는 사실을 아는 사람과 결혼하라
　　고단한 별들이 잠시 쉬어가도록 가슴의 단추를 열어주는 사람과 결혼하라

가끔은 전깃불을 끄고 촛불 아래서 한 권의 시집을 읽을 줄
아는 사람과 결혼하라
　책갈피 속에 노란 은행잎 한 장쯤은 오랫동안 간직하고 있는
사람과 결혼하라
　밤이 오면 땅의 벌레 소리에 귀기울일 줄 아는 사람과 결혼하
라
　밤이 깊으면 가끔은 사랑해서 미안하다고 속삭일 줄 아는 사
람과 결혼하라
　결혼이 사랑을 필요로 하는 것처럼 사랑도 결혼이 필요하다
　사랑한다는 것은 이해한다는 것이며
　결혼도 때로는 외로운 것이다

　이 삭막한 세상에 나무를 껴안고 나무가 되는 사람, 밤이 깊으면 가끔은 사랑해서 미안하다고 속삭일 줄 아는 사람이 몇이나 있을까 하고 생각하기 쉬운데요, 정호승 시인이 사랑하는 사람이 어떤 사람인가를 알면 그리 멀리 있는 것도 아닌 듯 싶습니다.
　그의 시「내가 사랑하는 사람」을 소개합니다.

　　나는 그늘이 없는 사람을 사랑하지 않는다
　　나는 그늘을 사랑하지 않는 사람을 사랑하지 않는다
　　나는 한 그루 나무의 그늘이 된 사람을 사랑한다
　　햇빛도 그늘이 있어야 맑고 눈이 부시다

나무 그늘에 앉아 나뭇잎 사이로 반짝이는 햇살을 바라보면
세상은 그 얼마나 아름다운가

나는 눈물이 없는 사람을 사랑하지 않는다
나는 눈물을 사랑하지 않는 사랑을 사랑하지 않는다
나는 한 방울 눈물이 된 사람을 사랑한다
기쁨도 눈물이 없으면 기쁨이 아니다
사랑도 눈물 없는 사랑이 어디 있는가
나무 그늘에 앉아
다른 사람의 눈물을 닦아 주는 사람의 모습은
그 얼마나 고요한 아름다움인가

 그늘을 사랑하는 사람, 눈물을 사랑하는 사람을 사랑한다고 말하면서 정호승 시인은 그런 사람을 수선화에 빗대어 시린 가슴을 닦아주고 있습니다.
 정호승 시인의 시 「수선화에게」를 소개합니다.

울지 마라
외로우니까 사람이다
살아간다는 것은 외로움을 견디는 일이다
공연히 오지 않는 전화를 기다리지 마라
눈이 오면 눈길을 걸어가고

비가 오면 빗길을 걸어가라
갈대숲에서 가슴검은도요새도 너를 보고 있다
가끔은 하느님도 외로워서 눈물을 흘리신다
새들이 나뭇가지에 앉아 있는 것도 외로움 때문이고
네가 물가에 앉아 있는 것도 외로움 때문이다
산 그림자도 외로워서 하루에 한 번씩 마을로 내려온다
종소리도 외로워서 울려퍼진다

정호승 시인은 『외로우니까 사람이다』를 엮으면서 독자들에게 이렇게 나직이 속삭이고 있습니다.

사람은 누구나 시인이다.
사람의 가슴 속에는 누구나 다 시가 들어 있다.
그 시를 내가 대신해서 한 권의 시집으로 묶었다.
당신의 가난한 마음에 이 시집의 시들이 맑은 물결이 되어 흘러가기를….

손님
(황석영/창작과비평사)

후덥지근한 날씨가 연일 계속되고 있습니다.
이런 날이면 느닷없이 '나는 왜 내 이웃들에게 맑고 시원한 계곡 물일 수는 없을까, 그윽한 그늘일 수는 없을까, 더운 가슴을 식혀줄 한 줄기 바람일 수는 없을까' 하고 생각해 봅니다.

오늘 소개할 책은 최근에 발표한 작품인데요, 황석영의 장편소설 『손님』입니다. 저는 먼저 이 『손님』을 읽으면서 소설 한 편이 이다지도 큰 힘으로 다가올 수도 있는 것이구나 라는 생각과 함께 그 감동과 전율이 지금도 가슴에 남아 있습니다.

문학에 관심을 갖고 있는 사람이라면 황석영을 익히 알고 있겠지만 새삼스럽게 소개를 하면, 그는 1943년 만주 장춘에서 나서 고교시절인 1962년에 사상계라는 잡지에 단편「입석부근」을 발표하면서 작품활동을 시작하여『객지』,『한씨연대기』,『삼포 가는 길』,『장길산』,『무기의 그늘』등을 발표한 한국문학의 대표작가입니다.

그는 또 지난 1989년 방북을 하였다가 독일, 미국에서의 망명생활을 거치고 1993년 귀국과 동시에 방북사건으로 5년 이상을 복역하다가 1998년에 석방되어 지금은 창작에 몰두하고 있는 이 시대의 큰 작가이지요.

소설『손님』은, 미국에 살고 있는 류요섭 목사가 그의 형인 류요한 장로를 만나러 가는 것으로 시작되는데 만남 이후 류요한 장로의 예기치 않은 죽음과, 류요섭 목사가 일행들과 함께 그의 고향인 북녘땅을 방문하고, 북한 체류기간 동안 그의 고향인 신천에서 6·25 즈음에 있었던 대학살의 진상을 다양한 각도에서 드러내고 있는 소설이지요.

작가의 말을 빌면『손님』은 그가 베를린에 체류하던 시절에, 사실상 세계적인 냉전체제 해체의 시작이었던 베를린 장벽의 붕괴를 목격하면서 구상한 작품이라고 밝히고 있는데요, 작가의 말을 직접 들어보시기 바랍니다.

기독교와 맑스주의는 식민지와 분단을 거쳐오는 동안에 우리가 자생적인 근대화를 이루지 못하고 타의에 의하여 지니게 된 모더니티라고 할 수 있다. 전통시대의 계급적 유산이 남도에 비해 희박했던 북선 지방은 이 두 가지 관념을 '개화'로 열렬하게 받아들였던 셈이다.

이를테면 하나의 뿌리를 가진 두 개의 가지였다. 천연두를 서병(西病)으로 파악하고 이를 막아내고자 했던 중세의 조선 민중들이 '마마' 또는 '손님'이라 부르면서 '손님굿'이라는 무속의 한 형식을 만들어낸 것에 착안해서 이들 기독교와 맑스주의를 손님으로 규정했다

이 작품은 그 형식에서부터 다른 소설들과 차별성을 갖는데요, 그 이유는 소설의 구성 자체를 전통 시대의 삶의 양식인 '굿'을 기본 얼개로 하고 있다는 점입니다.
작가의 말을 다시 인용해 보겠습니다.

이 작품은 '황해도진지노귀굿' 열두 마당을 기본 얼개로 하여 씌어졌다.
여기서는 굿판에서처럼 살아있는 사람과 죽은 사람이 동시에 과거와 현재를 넘나들면서 그들의 회상과 이야기도 제각각이다.

나는 과거로 떠나는 '시간여행'이라는 하나의 씨줄과, 등장인물 각자의 서로 다른 입장과 체험을 통하여 하나의 사건을 모자이끄처럼 총체화하는 '구전담화'라는 날줄을 서로 엮어서 한폭의 베를 짜듯 구성하였다.

지노귀굿은 망자를 저승으로 천도하는 전국적인 형식의 '넋굿'이다. 아직도 한반도에 남아 있는 전쟁의 상흔과 냉전의 유령들을 이 한판굿으로 잠재우고 화해와 상생의 새세기를 시작하자는 것이 작자의 본뜻이기도 하다.

우리 소설의 새로운 경지를 열어젖힌 걸작이라는 평가와 함께 평론가 도정일은 '한국의 큰 작가만이, 어쩌면 황석영만이 쓸 수 있는 한국인의 이야기다. 이 소설은 오래 읽힐 것이며 당연히 대학의 필독서 목록에 오를 것이다'라고 평가하고 있고, 한겨레 신문의 최재봉 기자는 '연애담과 신변잡기가 지배하는 요즘 소설 지형도에서 내용과 형식의 측면에서 두루 신선한 문제작이 될 것이다'라고 말하고 있는데요, 남과 북을 아우르면서 작가 황석영이 펼치는 역사의 현장, 황석영의 『손님』을 읽어본 사람만이 그 참 맛을 느껴볼 수 있을 것입니다.

보길도에서 온 편지
(강제윤/이학사)

　어느덧 초복을 코앞에 두고 있습니다. 글자의 뜻을 상기하면 초복은 더위의 시작이라는 말인데 더위는 우리들 곁에 이미 성큼 와 있는 것 같습니다. 더위와 맞닿아 있는 용어가 피서가 아닌가 합니다. 더위를 피한다는 말인데 그래서 이 즈음에 방학이 있고 또 휴가가 있는 것 같습니다.

　그런 의미에서 오늘 소개할 책은 요즘 들어 피서지로 각광을 받고 있는 섬의 이름을 딴『보길도에서 온 편지』라는 책인데요, 이 책은 보길도가 고향인 강제윤 시인이 쓴 산문집입니다.
 강제윤 시인에 대해 소개하면 그는 보길도에서 나고 자라다 가족들과 함께 보길도를 떠나 생활하다가 20년 만에 다시 고향으로 돌아와 살고 있는데, 특히 보길도를 여행하고자 하는 분들께 알려드리고 싶은 얘기는 그가 지금 보길도 세연정 부근에서 민박을 겸하는 찻집 〈동천다려〉를 운영하고 있다는 것입니다.
 그럼 『보길도에서 온 편지』에 실린 글 중에 강제윤 시인이 말하는 〈동천다려〉 주변 풍경을 소개합니다.

 출입문과 정면으로 난 창밖은 숲과 연해 있어 문을 열고 들어서는 순간 바로 숲의 한가운데 자리하게 됩니다.
 숲에는 오래된 소나무와 상수리나무, 동백나무와 후박나무, 귀쭉나무와 느릅나무들이 서로 어깨를 기대고 서 있습니다.
 대부분이 상록수인 나무들 사이로 세연정으로 통하는 오솔길이 뚫려 있습니다.
 세연정까지는 느린 걸음으로도 채 2분이 걸리지 않습니다.
 숲길을 따라가다 보면 세연지와 판석보가 나오는데 거기서 왼쪽 오르막길로 들어서 7분 거리, 산중턱에 옥소대가 있습니다.
 나는 옥소대 못지않게 옥소대 오르는 길을 좋아합니다.
 동천석실이나 남은사 초입의 숲길에 비하면 가파른 편인데도 길가의 바위와 나무들, 바람들, 길옆의 무덤들까지도 어느

새 오래된 동무처럼 편안합니다.

『보길도에서 온 편지』책 뒤에 발문을 쓴 한양대 정민 교수는 책의 저자 강제윤의 삶을 이렇게 소개하고 있습니다.

　눈 덮인 오두막 위로 늙은 새들이 날고, 저녁 연기가 대숲의 뒤안까지 가득한 집, 더러 길 잃은 별들이 눈 먼 나에게 길을 묻곤 하는 섬집에 그는 산다. 뻘뚝을 따다 술 담그고, 인동꽃 따다 금은화차를 만들며 산다.
　푸릇푸릇한 멍에와 돌미나리로 한 상 가득 풍성한 식단을 마련하고 세살문에 창호지를 새로 바르고 겨울 장작을 준비하며, 칡넝쿨과 까상쿠가 뒤엉킨 오솔길의 풀도 베고, 무덤가에 지천으로 돋은 달래를 캐 김치도 담그며, 봉순이와 꺽정이, 부용이를 기르면서 그는 거기에 살고 있다.

여기서 말하는 봉순이, 꺽정이, 부용이는 그가 기르는 개의 이름들이지요.
　강제윤 시인은 고향 보길도에 〈동천다려〉라는 거처에 살면서 느끼는 감회를 이렇게 절절하게 노래하고 있습니다.

　새벽에 문득 서러웠습니다.
　혼자라는 생각 때문이 아닙니다.

이제 나는 돌아갈 곳이 없구나!
어디에도 돌아갈 곳이 없다는 생각에 한동안 막막했고
한동안 서러웠습니다.
이미 돌아와버렸음으로 더 이상 돌아갈 곳이 없으니,
나는 너무 일찍 고향에 돌아와버린 것일까요.
갑자기 방안의 사물들과 마루, 세살문의 방충망,
대나무 기둥과 유자나무, 멀구슬나무와 국활나무, 찰밥나무들,
뜰 앞의 정자까지도 모두 낯설어집니다.
나는 또 어떤 낯선 곳에서 하룻밤을 보낸 것일까요.
툭.
추녀 끝에 떨어지는 빗방울 소리가 반쯤 덜 깬 내 영혼의 잠을 깨우고 갑니다.

혹시 보길도 〈동천다려〉를 가시려거든 미리 인터넷으로 〈동천다려〉를 클릭해 보는 것도 좋을 듯 싶습니다.

어두워진다는 것
(나희덕/창작과비평사)

　어둠이 짙게 드리워진 들판, 나무 한 그루 서 있는 그 아래에 서 보신 적이 있는지요?
　그 어둠과 나무가 교감하는 순간, 나무가 어둠 속으로 사라지는 순간을 지켜본 적이 있는지요?
　그러한 교감을 느끼는 사람이 시인이 아닌가 하는데 시인이라고 해서 모두 다 그 순간의 전율을 느낄 수 있는 것은 아니겠지요.

　오늘 소개할 시집은 나희덕 시인의 『어두워진다는 것』이라는 제목의 시집입니다.

  나희덕 시인은 1989년 중앙일보 신춘문예에 당선되면서 작품 활동을 시작하여 김수영문학상을 수상한 시인인데 그 후로 『뿌리에게』, 『그 말이 잎을 물들였다』, 『그곳이 멀지 않다』 등의 시집과 『반통의 물』이라는 산문집이 있습니다

  이번 시집을 내면서 나희덕 시인은 후기(後記)에 이렇게 쓰고 있습니다.

    언제부턴가 내 눈은 빛보다는 어둠에 더 익숙해졌다.
    그런데 어둠도 시에 들어오면 어둠만은 아닌 게 되는지, 때로 눈부시고 때로 감미롭기도 했다.
    그런 암전에 대한 갈망이 이 저물녘의 시들을 낳았다.
    어두워진다는 것, 그것은 스스로의 삶을 밝히려는 내 나름의 방식이자 안간힘이었던 셈이다.

  '어둠도 시에 들어오면 때론 눈부시고 감미롭기도 한다' 는 말에 무릎을 치면서 공감을 한 적이 있는데요. 먼저 나희덕 시인의 예리한 통찰력을 느껴볼 수 있는 「빗방울, 빗방울」이란 시를 소개합니다.

    버스가 달리는 동안 비는
    사선이다

세상에 어긋남을
이토록 경쾌하게 보여주는 유리창

어긋남이 멈추는 순간부터 비는
수직으로 흘러내린다
사선을 삼키면서
굵어지고 무거워지는 빗물
흘러내리지 않고는 견딜 수 없는

더 이상 흘러갈 곳이 없으면
빗물은 창틀에 고여 출렁거린다
출렁거리는 수평선
가끔은 엎질러지기도 하면서

빗물, 다시 사선이다
어둠이 그걸 받아 삼킨다
순간 사선 위에 깃드는
그 바람, 그 빛, 그 가벼움, 그 망설임

뛰어내리는 것들의 비애가 사선을 만든다

그의 시에는 최근에 발표되는 여러 시에서 나타나는 세기말적

증후군, 이를테면 분열이나 환각, 우울이나 공포, 광기 같은 것은 그 어디에도 찾아볼 수 없습니다.

  그는 우리 주위에 있으면서 우리가 무관심해온 것들, 사라지는 것들을 예리하게 주시하면서 새롭게 의미를 부여하고 우리들 곁으로 성큼 다가서게 합니다.

  끝으로, 이번 시집 『어두워진다는 것』 중에서 제가 개인적으로 좋아하는 시 「그 복숭아나무 곁으로」를 소개합니다.

> 너무도 여러 겹의 마음을 가진
> 그 복숭아나무 곁으로
> 나는 왠지 가까이 가고 싶지 않았습니다
> 흰꽃과 분홍꽃을 나란히 피우고 서 있는 그 나무는 아마
> 사람이 앉지 못할 그늘을 가졌을 거라고
> 멀리로 멀리로만 지나쳤을 뿐입니다
> 흰꽃과 분홍꽃 사이에 수천의 빛깔이 있다는 것을
> 나는 그 나무를 보고 멀리서 알았습니다
> 눈부셔 눈부셔 알았습니다
> 피우고 싶은 꽃빛이 너무 많은 그 나무는
> 그래서 외로웠을 것이지만 외로운 줄도 몰랐을 것입니다
> 그 여러 겹의 마음을 읽는 데 참 오래 걸렸습니다
>
> 흩어진 꽃잎들 어디 먼 데 닿았을 무렵

조금은 심심한 얼굴을 하고 있는 그 복숭아나무 그늘에서
가만히 들었습니다 저녁이 오는 소리를

희미한 등불만 있으면 좋으리
(김광렬/모아드림)

　오늘 소개할 책은 김광렬 시인의 『희미한 등불만 있으면 좋으리』라는 시집입니다.
　김광렬 시인은 제주에서 나서 지금도 제주에서 생활하면서 시를 쓰고 있는 시인인데요, 그는 걷기를 좋아합니다. 아니 아예 차가 없지요. 그리고 그 흔한 휴대폰도 없습니다. 그는 걸어다니기를 즐기기 때문에 일상에서 많은 사람들을 만나고 그들의 삶을 받아들이는 과정에서 자신이 걸어온 길을 겸허하게 되돌아보는 시를 쓰는 사람입니다.

김광렬 시인은 시집 서문(序文)에서 자신의 시에 대해 이렇게 말하고 있습니다.

> 가슴은 한라산을 다녀오고 바다를 휘돌아 오기도 한다.
> 바람 거친 들판과도 만나고 광포한 바다와도 만난다.
> 물론 꽃잎 흩날리는 아름다운 한때도 있다.
> 그것들은 나에게 살아가는 법을 가르쳐준다.
> 오랜만에 내는 두 번째 시집이다.
> 못난 자식들이지만 어쨌든 내가 낳은 자식들이다.
> 불만스럽지만 내가 뿌린 씨앗들인 셈이다.
> 내가 거둬들일 수밖에 없고 결국 머리 숙여 세상에 내놓을 수밖에 없다.

김광렬의 시를 읽을 때 드는 느낌은 우리가 말하기 부끄러워 가슴 깊이 숨겨놓았던 것을 그는 너무나 솔직하게 드러내버리고 만다는 것입니다. 그래서 그는 자신의 시를 읽는 많은 사람들에게 낮은 소리로 말합니다, 솔직해지자고 거짓을 버리자고.
그의 시 「별에게」를 소개합니다.

> 나는 싸우지 않았다
> 노동법 날치기 통과 시위 때
> 맨 앞에 나서지 않았다

뒤에서 뒤에서만 바라보았다
가끔 구호도 외치고 박수도 쳤지만
적극적으로 호응하지 않았다
일월의 추위를 녹일 만큼 나는 뜨겁지 못했고
내 피는 찬바람에도 쉽게 꺾였다
관덕정에서 광양로터리까지 도보 시위하면서
따뜻한 안방과 커피 생각이 간절했다
아직도 싸움은 끝나지 않았는데
사람들은 머리띠를 두르고
앞장서서 노래 부르고 구호를 외치는데
나는 간간이 따라 흉내낼 뿐
잘못된 이 나라의 제도에 대해서
가슴 뜨겁게 말하지 못했다
끝난 뒤 몇몇 벗들과 술잔을 기울이면서
어쩌다 한번 목소리를 높이기도 했지만
나는 마음 한편으로 부끄러움을 느끼고 있었다
나는 정말 속과 겉이 다른 인간인가
집으로 돌아오면서 별에게 조용히 물어보았다

몇몇 벗들과 술잔을 기울일 때 나 또한 그 자리에 있었지만 나는 이런 시를 쓰지 못했지요. 아마도 부끄러움 때문이 아닌가 하는데 그에게는 부끄러움을 당당하게 고백하는 용기가 한 편의 시를 낳게 했던 것이지요.

  그는 휴일이면 산행을 즐겨합니다. 혼자 다닐 때도 있지만 가끔은 자식들과 함께 산에 가곤하는데 김광렬 시인이 아들에게 들려주는 가슴 따뜻한 시, 「한때 즐거운 평화」를 소개합니다.

> 산그늘 진다
> 아들아 우리가 있어야 할 곳은
> 바로 이와 같은 곳이지만
> 지금 돌아가야 할 곳은
> 땀냄새 자욱한 사람들 속이다
> 버스를 기다리며 바라보는 산 경치는
> 너무나 그윽하고 아름답구나
> 내 마음 산자락 스치고 가는 바람처럼
> 안온하고도 은은한 서정이로구나
> 한 주일 동안 정신없이 쫓기는 나날이다가
> 이렇게 맞아 보는 한때의 즐거운 평화
> 아들아 버스가 저 산모퉁이를 돌아
> 아롱아롱 아지랑이처럼 다가오는 동안
> 우리는 더 깊숙이 산을 바라보자
> 산이 속삭이는 내밀한 소리를 듣자
> 거기 우리들 외로운 삶의 여정이 찰칵찰칵
> 조용히 산그늘에 덮여가는 것을 보자

느닷없이 내 두 눈에서
뜻 모를 몇 방울 눈물이 돋아난다

여러분은 자기 자신의 모습을 무엇에 비유할 수 있는지요? 김광렬 시인은 인생의 중반을 훌쩍 넘어선 자신의 모습을 당나귀에 빗대고 있는데요, 끝으로 「당나귀와 나는」이라는 시를 소개합니다.

당나귀와 나는 같다
늙어 게슴츠레해질 눈과 눈곱과
몽당 빗자루 같은 꼬리와

등에 잔뜩 인생을 짊어지고
힘겹게 걸어가는 모습과
절뚝거리는 마음과

무엇인가 하소연하듯
주인을 바라보는 눈초리와
깊은 체념과 젖어 있는 쓸쓸한 희망과

팽이는 서고 싶다
(박영희/창작과비평사)

　형제처럼 가까이 지내는 이가 책을 내면 마치 내가 낸 것처럼 기쁘고 들뜬 마음을 감출 수가 없는데요, 오늘 소개할 책이 바로 그런 책입니다. 박영희 시인의 세 번째 시집 『팽이는 서고 싶다』라는 책입니다.
　박영희 시인이 어떤 시인인지 알아보기 위해 「먼저 도착한 계룡산에서」라는 시를 통해 소개합니다.

　　마흔이 다 되도록

동창회 한번 나가보지 못한 나
가보고 싶어도 가보고 싶어도
학교라고 다닌 건 딱 한 차례뿐이어서
굿이나 보고 엿이나 먹어야 했던
나 오늘, 설레는 가슴으로 집을 나섰네
이런 날 쓰지 않으면 두고두고 후회할 것 같아
지갑도 두툼하게 채워왔네
달랑 졸업장 한장 받아쥐고 서울로 떠난 놈들
관광버스 대절해서 내려오고
밭둑에 떨어진 씨앗처럼 여기저기 흩어져 사는 놈들
목포역전에서 모여 올라오고
그런데, 왜 이렇게 눈물이 나는가
가만 보니 나만 혼자였네
사생아처럼 나만 떠돌았네
춘배 고향 지키며 살 때 나는 부산에서 살았고
준호 서울에서 세탁소 차릴 땐 사북에 있었고
윤봉이 둘째 낳을 땐 형무소에 있었네
(하략)

    최종 학력이 초등학교 졸업이고 부랑아처럼 전국을 떠돌며 정처 없이 살아온 그는 두 번째 시집을 내고는 일제치하 광부들의 삶을 공부하고 싶어 그 누구도 할 수 없는 일을 저지르게 되는데, 중국을 거쳐 두만강 국경을 넘고 맙니다. 그게 죄가 되어 박 시인은 1992년부터 7년의 세월을 감옥에서 보내는데 그의 감옥 생활을 「단 하루라도 좋으니」라는 시를 통해서 느껴보겠습니다.

> 단 하루라도 좋으니
> 형광등 끄고 잠들어 봤으면
> 누군가와 밤이 새도록 이야기 한번 나눠봤으면
> 철창에 조각난 달이 아닌 온달 한번 보았으면
> 단 하루라도 좋으니
> 흠뻑 비에 젖어 봤으면
> 밤길 한번 걸어봤으면
> 단 하루라도 좋으니
> 잠에서 깨어난 아침 누군가 곁에 있어 주었으면
> 그리운 이의 얼굴 한번 어루만질 수 있었으면
> 마루방 구석에서 나오는 벌레들 그만 죽였으면
> 단 하루라도 좋으니
> 딸에게 전화 한 통 걸어봤으면
> 검열 거치지 않은 편지 한번 써봤으면
> 접견 온 친구와 한 시간만 이야기 나눠봤으면
> 단 하루라도 좋으니
> 단 하루라도 좋으니
> 내 방문 내 손으로 열 수 있었으면

박영희 시인은 지금 대구에서 사랑하는 아내 그리고 귀여운 딸, 서로와 함께 살고 있는데 그가 어떻게 살고 있는지 「오만원」이란 제목의 시를 통해서 느껴 보기 바랍니다.

시 세 편 보냈더니 오만원을 보내왔다
어중간한 돈이다
죽는소리해서 응해줬더니
독촉 전화 잦은 『말』에 26,000원 보내주고
그 길로 시장통에 가 아내의 머리핀을 고른다
이것도 버릇인가
원고료라고 받으면 늘 이렇듯
무엇이 되었든 하나를 남기려는 버릇이 있다
오천원짜리 오백원 깎아
머리핀 하나 사고
그래도 설레임 남아 아내에게 전화를 건다
당신이야, 나야, 우리 오늘 만리궁성에 갈까?
전화를 끊고 시계를 보니 5시, 아직도 한 시간이 넘게 남았다
소주라도 한잔 걸칠까, 아니야,
지 엄마만 사줬다고 딸아이가 삐치겠지
남은 돈 계산하다 말고 내친 김에
석 달 전부터 점포정리를 하고 있는 신발가게로 향한다
점포정리?

정리가 그게 어디 쉬운 일이던가
언론을 한번 보라지
정치하는 놈들은 또 어떻고
신발장 정리도 제대로 못하지 않던가
값이 헐한 운동화 한 켤레를 사면서도 나는
아내가 좋아하는 잡채밥 한 그릇과
딸아이가 좋아하는 오므라이스 값을 먼저 계산해둔다
짜장면 세 그릇은 어쩐지 서러워서다

　아내와 딸아이에게 짜장면을 먹이기엔 어쩐지 서러운 박영희 시인이 보내준 시집을 찬찬히 읽다보니 왠지 그가 보고싶고, 선하고 커다란 그의 눈망울이 자꾸 떠올랐는데요, 제 가슴을 알싸하게 만든 시, 그야말로 훔치고 싶은 시, 「아내의 브래지어」를 소개합니다.

누구나 한번쯤
브래지어 호크를 풀어보았겠지
그래, 사랑을 해본 놈이라면
풀었던 호크 채워도 봤겠지
하지만 그녀의 브래지어를 빨아본 사람
몇이나 될까, 나 오늘 아침에
아내의 브래지어를 빨면서 이런 생각을 해보았다

한 남자만을 위해
처지는 가슴 일으켜 세우고자 애썼을
아내 생각하자니 왈칵
눈물이 쏟아져 나왔다
산다는 것은 이런 것일까
남자도 때로는 눈물로 아내의 슬픔을 빠는 것이다
이처럼 아내는 오직 나만을 위해
동굴처럼 웅크리고 산 것을
그 시간 나는 어디에 있었는가
어떤 꿈을 꾸고 있었던가
반성하는 마음으로 나 오늘 아침에
피죤 두 방울 떨어뜨렸다
그렇게라도 향기 전하고 싶었던 것이다

넋 달래려다 그대는 넋 놓고
(김석교/중명)

　아침 저녁으로 바람이 많이 서늘해진 것 같습니다. 이제 얼마 지나면 추석이 오고, 추석이 지나면 우리의 옷매무새를 여미게 하는 가을 깊숙한 곳에 서 있게 되겠지요. 이 가을에 여러분들의 마음이 풍요로움으로 가득하시길 바랍니다.

　오늘 소개할 책은 제주의 시인인데요, 김석교 시인의 『넋 달래려다 그대는 넋 놓고』라는 시집입니다. 김석교 시인은 1995년 『월간문학』 3월호에 「마라도」 연작으로 등단하는데요, 등단하기 이

전서부터 그는 제주에서 발행하는 잡지에 많은 시를 발표한 바가 있지요.
　먼저, 나기철 시인이 말하는 김석교 시인의 시 세계를 소개합니다.

　　김석교의 시 대부분은 약하고 정의로운 사람들에 대한 짙은 연민으로 가득차 있다. 이 순정한 젊음에게 누가 이런 깊은 상처를 각인시켰는가. '타인의 비참함에 대한 감수성'이 누구보다 예민한 이 시인이 앞으로 이 질곡의 골짜기를 벗어나 저 푸른 중산간의 평원처럼 탁 트인 그런 희망의 노래를 부를 수는 없는 것인가. 아마도 김석교는 생득적으로 그러지 못할 것 같다. 숨부기꽃 같이 파란 그의 촉수는 모든 연약한 것에 대해 너무 예민하므로.

　김석교 시인을 아는 사람이라면 '아, 맞다.' 하고 무릎을 칠 것입니다. 그는 지독하게 순정하기 때문에 연약한 것들에 대해 남은 애정을 쏟아 붓는 그런 사람입니다. 그러기 때문에 그는 제주를 피로 물들인 4·3을 외면하지 못합니다. 그의 시 「숨부기꽃」을 소개합니다.

　　잘 있거라, 하늬바람 오금 조이던 터진목
　　우리 무참히 총 맞아

2연대 서청중대 군홧발에 짓밟힐 때
마지막 바라보던 수평선

땡볕 푸른 여름날
무덤 이룬 모래굴헝 뒤덮으며
그 아릿한 내음 펄펄
숨부기, 옛 사랑 보랏꽃 피우느니

말미오름에서 바우오름에서
큰물뫼 족은물뫼 모구리오름에서
개처럼 끌려와 피멍울 새긴 모살동네
통일 어느 날 서북사람들 찾아 와
무심히 사진기 누를 때

그들에게로나 빙의할까
네 불휘 이끄는대로
우리 비로소 해원할까
듬북할미 입술 푸른
보제기 나의 꽃

'1949년, 성산포의 기억' 이라는 부제가 달린 이 시는 그의 고향 성산포를 헤가르고 간 4·3의 상처를 노래하고 있는데요, 그의 어머니와 관련된 4·3 시 「치통」을 소개합니다.

    어머니는 칩십 나이에 관변단체 사무장을 맡아
    인형에 불 지르는 궐기대회 같은 데 불려다니며
    그게 일본담배 먹지 말자는 구호더라도
    두 팔 높이 치켜들어 하늘에 엿 먹이며
    불순분자 몰아내는 일인줄 아는가 보다

    귀막시 시어미 서북패 총에 쓰러지고
    그들과 한 동네 오십 년
    이제 그 세월 잊혀졌는지
    오른쪽이 터진 방이라고 짐짓 그쪽으로 가신다
    사무장 월급 나올 땐 제법 쏠쏠하다고

    제사 돌아오면 묻지 않아도
    화엄노을을 배경으로
    등에 총알 받아 다시는 일어서지 못하던
    할망얘기 떠오른다
    사막같은 세상 악귀같은 서청…
    조용히 말씀하신다
    듣는 사람만 괜시리 이 아프게 치떤다

파제 후에도 잠 못 이루는 밤
아픈 이 아프게 갈아제끼다
어머니의 왼쪽 방은 막히지 않았음을 깨닫는다
어명허느니 안 잊어불민 못 살커라라,
지금도 그들을 용서하면서
아직도 목소리 낮추면서
어머니는 늘그막에 관변단체 사무장이 되어
용돈 못 드리는 아들 눈시울을 붉게 하나니

그는 참 말이 없는 편입니다. 술자리를 함께 하더라도 조용히 술을 마실 뿐 별로 말이 없습니다. 나서기도 참 싫어합니다. 항상 한 발 뒤에서 멀거니 바라봅니다. 그렇다고 사람을 싫어하거나 회피하는 건 아닙니다.
가장 '김석교 답다'라고 생각되는 시, 「사람을 만나러 가는 길에」를 소개합니다.

사람을 만나러 가는 길에
아무도 살지 않는 오두막
그늘에 피어 있는 꽃과 눈 마주쳐
아무 말 없이
왔던 길 되돌아 간다

어느 곳에서도 해는 뜨는데
더 많은 빛을 받기 위해
사람 앞에
사람 위에
사람의 심장 속까지
사람들이 집을 짓는다

사람을 만나러 가는 길에
사람들이 버리고 간 빈 오두막
그늘에 피어야 할 것 피어 눈물 나고
왔던 길 되돌아
집 짓지 않으리라, 빛의
문을 닫는다

나는 상처를 사랑했네
(나종영/실천문학사)

　순천만 갈대밭에 가면 언제라도 만날 것 같은 사람, 시에 대해서, 문학에 대해서 포장마차 30촉 등잔불 아래서 맑은 소줏잔을 기울이며 밤새도록 이야기하고픈 사람, 아무리 투정을 부려도 다 받아줄 것 같은 맏형 같은 사람, 나종영 시인이 바로 그런 분인데요, 오늘 소개할 책이 바로 나종영 시인의 『나는 상처를 사랑했네』라는 시집입니다.
　이 시집의 발문은 김용락 시인이 쓰고 있는데요, 그 일부를 소개합니다.

현재 한국문학의 상황에서 변방이자 아웃사이더라고 할 수밖에 없는 지역에 거주하고 저널리즘의 세례 밖에 머물면서도 묵묵히 자기의 역할을 다하는 시인, 그런 보배와 같은 이가 바로 나종영 시인이라는 생각을 해보는 것도 바로 그가 자신의 시와 삶을 일치시키고 있기 때문이다.

일찍이 김남주 시인이 통탄했듯이 말로만 떠드는 이가 얼마나 많으며 스스로 질 낮은 상업주의의 불섶으로 뛰어드는 불나방 같은 시인 또한 적지 않은 게 사실이고 보면 지역에서 묵묵히 제 갈길을 가는 나종영 같은 이의 자세야말로 좋은 시의 원천이 되고 한국문학의 저력이 될 것임이 분명하다.

그렇습니다. 나종영 시인은 광주와 순천을 오가면서 그곳의 문인들과 함께 올곧은 문학을 일구어 가는 시인입니다. '상처를 사랑했다' 는 말은 누구나 할 수 있습니다. 그러나 '사랑이 상처임을 아는' 사람은 그리 많지 않으리라 생각하면서 그의 시 「노랑붓꽃」을 소개합니다.

　　나는 상처를 사랑했네

　　작은 풀이파리만한 사랑 하나 받고 싶었을까 나는
　　상처가 되고 싶었네

노란 손길을 어루만지는 손길에
병든 몸이 뜨거워지고,
나는 사랑이 곧 상처임을 알았네

지난 봄 한철 아래 기다림에 몸부림치는
네 모습이 진정 내 모습임을

노랑붓꽃 피어 있는 물가에 서서
내 몸이 가늘게 떨리는 것을

나는 사랑했으므로 이 세상의 모든 것이
내 안에 있음을,
나는 상처를 사랑하면서 알았네

  나종영 시인은 '80년 광주'를 온몸으로 체험한 시인인데요, 그래서인지 그의 시 속에는 살아남은 자로서의 부채감을 가슴에 새기고, 부끄럽지 않게 살아가려고 노력하는 흔적을 여실히 볼 수 있습니다. 그의 시「딸기밭」을 소개합니다.

살아 있다는 것만으로도 죽고 싶은 시절이 있었지
검은 군홧발 아래 핏물 터진 아스팔트 바닥에서

살아 있다는 것만으로 부끄러운 시절이 있었지
모란꽃 모가지 뚝 부러지던 날
끌려가던 친구들의 푸른 수의 옥죄인 포승줄 아래서

살아 있다는 것만으로도 오늘은 마음이 벅차서
가슴에 어깨 위에 하얀 나비떼 날아와 앉네
딸기밭 다칠세라 조심조심 밭고랑 건너가네

모진 비바람을 뚫고 핏빛 살내음 가득히 넘치는 딸기밭
맨발바닥 등불처럼 들고 밭이랑 가만가만 건너가네

그에게는 두 번째 시집에 해당하는 『나는 상처를 사랑했네』에는 최두석 시인이 말한 것처럼 작고 가벼운 존재가 품고 있는 아름다움을 자주 볼 수 있는데요, 그의 섬세함과 여린 마음이 그대로 드러난 시, 「하늘다람쥐」를 소개합니다.

산골 물소리 흐르는
징검다리 훌쩍 건너려다
바늘잎 잣나무가지 타고 내려온
하늘다람쥐와 마주쳤다
한 발 뛰어넘다 헛디딘 돌다리
길을 비켜주지 않으니

하늘다람쥐 녀석 물러나지 않고
눈알을 말똥말똥 빤히 쳐다보고 있다
숲속에 물 흐르는 소리
소금쟁이 획 지나가는 소리
애기단풍잎 스치고 가는 바람소리,
문득 정지한 시간 사이로 적막이 흐르고
네 작은 몸이 잠시 머물러 있는 길 위에
내 발목이 시리다, 하늘다람쥐여
산그늘 인적 끊긴 이 산문에 들어
붙들고 있어야 할 비결이 뭐가 있겠느냐
하늘다람쥐 까만 눈망울 속에
아직도 헌옷 한 벌 버리지 못한
어슴푸레한 사내 하나 서 있다
한 발짝 발걸음을 떼면 하늘다람쥐
어디론가 날아갈까 봐 한참을 그대로 서 있다

 이 시에서 보여지는 시적 상황은 그야말로 한 순간입니다. 그러나 나종영 시인은 자신의 섬세하고 여린 심성으로 그 순간을 예리하게 포착하고 있습니다.
 나종영 시인은 시집을 내면서 자신의 심정을 후기에 담고 있는데요, 그 한 부분을 소개합니다.

내 지친 영혼이 저문 강물에 빠져들곤 할 때, 힘겨운 어깨 위에 따스한 손길을 얹어주며 몇 번이고 나를 일으켜 세워주던 길가의 들꽃들.

가난하나 사랑을 잃지 않고 사는 남도 사람들과 그 사람들의 동네를 감싸안고 있는 황톳빛 들녘, 그리고 새벽녘 눈부시게 다가와 깊은 잠을 깨우던 억새 바람들, 이러한 것들이 이 땅에서 나를 버티게 하며 시를 쓰게 한 힘이 되었음을 언제나 기억해야겠다.

엉겅퀴꽃
(문무병/도서출판 각)

　지금 제주의 들판은 은빛 억새꽃 물결이 가을 바람에 흔들리고 있습니다. 아직도 들녘으로 나가보지 못한 분은 시간을 내서 한번 나가보시기 바랍니다. 해마다 가을은 오지만 지금 이 가을은 다시 오지 않으니까요.
　오늘 소개할 책은 시집인데요, 제주에 살면서 문학에 대해 또는 예술에 대해 조금이라도 관심을 갖고 계신 분이라면 금방 알 수 있는 그런 분이지요. 문무병 시인의 『엉겅퀴꽃』이라는 시집을 소개할까 합니다.

문무병 시인은 우리들에게 민속학자로서 또는 연출가로서 익히 알려져있는데요, 그는 이미 오래 전부터 시를 쓰기 시작해서 해원굿시집 『날랑죽건 닥밭에 묻엉』이라는 시집을 낸 바가 있지요.

먼저 문무병 시인은 시를 어떻게 생각하는지 그의 후기(後記)를 들여다보겠습니다.

> 평범한 말은 살아있어야 한다.
> 평범한 말이 힘을 얻는다면, 그것은 말장난이 아닐 것이다.
> 눈물 한 방울도 아름답고, 서럽다.
> 맺힌 것은 풀어야한다.
> 꿈을 꾸고, 낭만에 대하여, 민족의 정서에 대하여 토론하며, 내가 끝내 깨닫고 찾아낸 시의 진실은 온몸으로 노래하는 '언어의 육화(肉化)작업' 이었다.
> 시는 '몸짓의 노래' 다.
> 온몸으로 말하는, 살이 되어, 살 냄새를 피우는 언어의 육화작업, 생명의 창조를 시라고 생각하였기에 나는 적어도 말을 가지고 장난하지 않았다.

아주 비장한, 그리고 준엄한 시론이라 할 수 있겠는데요, 그는 그런 시론에 입각해서 시를 꿈꾸고 또 시를 쓰고 있습니다. 그의 시 「억새꽃2」를 소개합니다.

억새꽃 핀 들판을
들까마귀 떼지어 바람에 날려간다
나는
행려병자처럼 실없이 웃으며
황량한 들판을 걸어가고 있었다

그것은 반항이 아니었다
그대를 사랑하기에 저질러버린
동기없는 외출이다
저승 열두 문 열어나가듯
살과 피로만 빚은 고통 삭이며
뜨겁게 살자는 것이었다

설운정네(貞女)야
우리 청산에만 살 수야 없지 않은가
인간이 그리워 피리를 분다

  억새꽃 핀 들판을 행려병자처럼 고통을 인내하면서 뜨겁게 살자고 다짐하는 시인의 모습이 눈에 선하게 다가오는데요, 그가 진정으로 꿈꾸는 세상은 슬픔조차도 아름다움이 되는 그런 세상이 아닌가 합니다. 그의 시「아름다움에 대하여」를 소개합니다.

진정으로 아름다운 것은
아름다움으로 남아있어야 합니다
곡예의 그네를 타고 넘고 구르고 다시 굴러 끝 닿은 곳에
아름다움은 무엇으로 남아 있을까요
지우고 다시 지워서 지워진, 지워진 자국 닳아 없어진 곳에
아름다움은 어떤 흔적인가요
사랑의 체취 은은하고
스쳐지나가지만 미풍으로 느끼는 당신
태풍처럼 휩쓸고 지나가 버린 것
아니면 처절한 외로움조차도
아름다움이라 하지 않는다면
슬픔의 무게를 감당할 수 있을까요
아니, 감당할 수 없는 슬픔조차도
진정 아름다움이랍니다

문무병 시인은 지금까지 살아온 인생의 대부분을 굿판에서 보냈다 해도 과언이 아닌데요, 용한 심방보다 굿법을 더 잘 아는 터라 이승에 있으면서도 저승의 삶이 눈에 보이는가 봅니다.
끝으로, 그의 시 「술을 마시며」를 소개합니다.

세상을 보되
눈에 보이는 세상만 보지 않기

보이는 세상과
아니 보이는 세상 중간쯤에서
서서 저울질하기
중간쯤에 서면
귀신의 노래 듣겠지
귀신의 노래 들리면
나도 세상 좀 안다 하겠지
세상만사 좀 알기에 사는 맛도
빼는 멋도 안다 하겠지
껍데기에 취해
너무 넓게 보지 않기
속살의 위선 피우지 않기
부끄러워질 때
빈 술잔 들여다보고 웃기
보이는 세상과
아니 보이는 세상
중간쯤에 서서
빈 술잔 들여다보고 웃기
귀신노래 듣기

남양여인숙
(나기철/현대시)

　요즘 현대인들이 반드시 갖추어야할 조건이 무엇인지 아시는지요?
　어떤 잡지를 읽다가 언뜻 보았는데, '운전을 할 줄 알 것. 컴퓨터를 다룰 줄 알 것. 마지막으로 휴대폰은 필수적으로 갖고 다닐 것' 이라고 쓰여 있었는데요, 글쎄 여러분은 어떻습니까? 이 세 가지 중에 어느 하나를 갖추고 있지 않더라도 전혀 두려워 말길 바랍니다.
　오늘 소개할 나기철 시인은 오히려 이런 것들을 불필요하게 여기면서도 열심히 시를 쓰며 살아가고 있으니까요.
　오늘 소개할 책은 『남양여인숙』이란 시집인데요, 다소 시대에 뒤떨어진 듯한 제목에는 그만한 사연이 있습니다. 바로 그의 문우이자 선배인 문무병 시인의 고향집이 바로 남양여인숙이지요.
　마침 그의 시집의 발문을 문무병 시인이 썼는데 나기철 시인에 대해 이렇게 말하고 있습니다.

　　나기철 시인은 시인을 직업으로 택했다.
　　시를 쓸 수밖에 없고 시만을 생각하는 삶을 살 것이다.
　　세상에 천기를 누설하는 것처럼 비밀스럽고 겁나는 것이 '시를 생각하고, 사랑하고, 쓰는 것'이라 했다.
　　연인을 생각하듯 시를 생각하는 '단순 솔직한 순수'가 나기철 시인 자체이며, 이름하여 그의 시에 대한 명상이며, 시를 사랑하는 태도이다.
　　연인을 사랑하듯 시를 사랑하는 그가 부럽다.

　나기철 시인의 감추어진 생각을 훔쳐볼 수 있는 시 한 편을 소개하겠는데요,「섬·자본론」이라는 제목의 시를 소개합니다.

　　쑥부쟁이 솜양지꽃 미나리아재비 꽃향유 온갖 들꽃 피어 있는 외진 들녘 나비 찾아 들어 피고 진 오랜 나날, 웬 사람 큰 꽃나무 하나 심어 놓은 후 나비들 일제히 그곳으로 날아가 돌아오

지 않자 들꽃들 시들시들 말라갔습니다.

  자본론이라는 전혀 시답지 않은 어휘가 제목에 들어앉음으로서 이 시의 전모를 알아내는 데는 별로 어렵지 않은데요, 제주에 대형 물류센터가 들어설 무렵에 쓰여진 시가 아닌가 합니다. 어찌 큰 꽃나무를 여리디 여린 쑥부쟁이, 솜양지꽃, 미나리아재비 등이 당해낼 수 있겠습니까?
  나기철 시인은 차를 타고 다니지 않기 때문에 걸어서 발길 닿는 대로 다닙니다. 다니면서 천천히 이것저것 눈에 닿는 대로 바라보고 그러다가 그들을 자신의 시 속에 담아오곤 합니다.
  길을 걸으면서 씌어진 시 「괜찮지요」를 소개합니다.

>   영화 감독은 영화를 생각하고
>   화가는 그림을 생각하고
>   학생은 성적을 생각하고
>   신부는 신자들을 생각하고
>   장삿꾼은 돈을 생각하는데
>
>   나는 당신을 생각하며
>   큰 길까지 걸어 내려와
>   신작 시집을 사들고
>   여기 와

시를 생각합니다

세상 사람들에게 들킬까봐
겁나지만
나 당신을 생각하는 것
괜찮지요

나기철 시인은 참 소박하고 솔직한 사람입니다. 꾸밈이 없고 겉멋이 없는 그런 사람인데 그런 성격 탓인지 그의 시는 일상적이고 맑고 투명합니다. 마지막으로 「아파트 · 1」을 소개합니다.

사십 넘어
18평 연립 주택에서
30평 아파트로 옮겨오니
참 좋다

세상이 아프지 않다

반들반들한
장판색 칠을 하고
책꽂이도 새로 사고
넓은 자개상을 놓으니

글도 잘 써질 것 같다
똑 같은 구조의 5층, 30세대
모두 중산층이다

그 안방 넓은 데서
나는 편안히 잠을 잔다

세상 사람들이 모두
아파트에만 사는 것 같다
30평 아파트에 오니
세상이 아프지 않다
아파하지 않아도 된다

달맞이꽃에 대한 명상
(최승호/세계사)

절기로 따진다면 이미 입동이 지났기 때문에 겨울이 분명합니다만 사람들은 요즘을 가을의 끝자락이라고도 하고 겨울의 초입이라고도 하는가 봅니다. 꼭 맞는 얘긴 아닙니다만 무언가 아쉬움에 떠는 사람은 가을이 아직 끝나지 않았음을 말하고 싶어 할 것이고, 무언가 새로운 마음으로 맞이하려는 사람은 이제 겨울은 시작되었다고 말하지 않나 생각해 봅니다.

꼭 그런 건 아닙니다만 저 같은 경우는 가을에는 무언가 가슴에 와닿는 그런 글이 잘 읽히고 겨울이 되면 가능하면 바깥출입을 삼가고 호흡이 긴 그런 책들을 즐겨 읽는 편인데요, 오늘 소개할 최승호 시인의 명상집 『달맞이꽃에 대한 명상』이 읽히는 걸 보니 저에게는 아직도 가을이 끝나지 않은가 봅니다.

'있음의 신비, 혹은 추억의 분실물 보관소'라는 부제가 달린 『달맞이꽃에 대한 명상』을 읽다보면 사람에 따라서 생각의 깊이는 그 끝을 헤아리지 못하는 것이구나 하는 감탄이 절로 나오는데요, 특히 작은 것, 우리가 놓치기 쉬운 것에 애정을 가득 담은 작가의 따뜻한 시선과 맑은 영혼은 이 책을 읽은 자만이 누릴 수 있는 즐거움이겠지요.

먼저 「억새꽃」이란 제목의 글을 소개합니다.

 가을볕 내리는 오후의 언덕에서, 억새꽃들을 바라본다.
 억새꽃은 달빛보다 희고, 이름이 주는 느낌보다 수척하고, 하얀 망아지의 혼 같다.
 가을 하늘이, 아무런 울타리 없이, 넓다.
 무형(無形)의 놀이터라고나 할까.
 바람이 잠시 불더니 다시 잔다.
 고개를 꺾지 않은 채, 억새꽃들이 하늘을 향해, 서 있다.
 그리움도 한데 모이면 억세지는 것일까.
 억새꽃들이 가을볕 속에, 모여서 피어 있다.

가끔 하늘거린다.

 이제 추위가 닥치면 가을 한때 들판을 은빛으로 물들이던 억새는 다시 볼 수 없게 되겠지요. 억새와 갈대를 구분하는 사람도 많지 않지만 억새가 으악새와 같은 말이라는 걸 아는 사람도 많지 않더군요. 구름이 내려앉아 잠시 쉬어가는 듯 가만히 흔들리는 억새를 만나러 한번쯤 길을 나서보는 것도 의미 있는 일이겠지요.
 가을이어서인지 가을과 관련 있는 글들이 자꾸 눈에 밟히는데요,「흐린 날의 들국화」라는 글을 소개합니다.

 맑은 날엔 키 큰 억새꽃을 내보이던 언덕이, 흐린 날 다시 가보니, 키 낮은 들국화로 덮여 있다.
 한 언덕이 이렇듯 날에 따라, 빛깔이 다른 꽃들을 내놓고 있는 것이다.
 맑은 날엔 흰 억새꽃이 흰빛을 더하고, 흐린 날엔 들국화가 애잔함을 더하는 것일까.
 가랑비가 내린다.
 사방의 산들이 조용하다.
 비인칭적 슬픔이라고나 할까.
 들국화가 그냥 가랑비에, 하염없이 젖고 있다.

 끝으로「허물」이라는 제목의 글을 소개합니다.

뒷문턱 섬돌 곁에 허물이 떨어져 있어, 집어보니 매미 허물이다.
눈알 있던 자리가 툭 튀어나왔는데, 아마 허물을 벗기 전에는 허물 쓴 눈알이, 꽤 답답함을 느꼈을 것이다.
허물 속은 완전히 텅 비었다.
육체가 허공에게 자리를 비웠다고나 할까.
곤충조차 허물 한 겹 벗어두고 새로 태어나는데, 하물며 귀한 사람 몸을 받고서도 허물만 늘이고 있으니, 남의 슬픔이 아니다.

편지
(김남주/이룸)

한라산이 잔뜩 웅크린 걸 보니 날씨가 많이 쌀쌀해진 것 같습니다. 마지막 한 장 남은 달력도 이제 절반으로 접어들고 있는데 유종의 미를 거둘 수 있도록 노력하시기 바랍니다. 마무리를 잘 해야 다가오는 해를 벅찬 감동으로 맞을 수 있거든요.

오늘 소개할 책은 정말이지 가슴 짠하게 와닿는 그런 책입니다. 79년 남민전 사건으로 15년 형을 받고 9년 동안 옥살이를 하다가 88년 출소하여 94년 2월 췌장암으로 숨을 거둔, 이 땅이 낳은, 우리

시대가 낳은 진정한 시인, 김남주 선생이 아내 박광숙에게 보낸 옥중 서간집 『편지』를 소개합니다.
먼저 머리말을 대신해서 소설가 조해성이 쓴 글의 일부를 소개합니다.

> '20세기 최고의 연서(戀書)'라는 부제를 단 이 서간집이야말로 위대한 편지들이다.
> 고통을 이겨내기 위해 그가 이른 성찰의 경지는 하도 경건하고 철저해서 차라리 종교적이다.
> 하지만 무엇보다 이 편지들을 빛나게 하는 건 얼굴조차 몇 번 본 적 없는 애인 박광숙에 대한 김남주 시인의 지칠 줄 모르는 사랑의 정열 때문이다.
> 그래서 이 서간집은 연애편지, 곧 연서다.

감옥이라는 제한된 공간에서 김남주 시인은 또 하나의 세계를 이렇게 쓰고 있습니다.

> 광숙,
> 사람이란 게 요즘 세상엔 짐승과 비교할 때 별 것 아닌 성 싶소.
> 짐승과 다른 것이 사람이란 품위를 지키면서 살 수 있다는 것일진대 어디 좀체로 그렇게 살 수 있는 세상이어야지요?

난 당신이 무엇보다도 인간으로서의 품위를 잃지 말고 살기를 바랄 뿐이오.
　　사람은 일하고 무엇과 싸우고 노력하고 그러다가 죽는 게 아니겠소.
　　만사를 무겁게만 생각하지 말고 여유를 지니면서 살아갑시다.
　　어느 날 나는 이런 생각을 한 적이 있었다오.
　　난 모든 것을 잃었다.
　　세계를 잃었다.
　　그러나 나는 동시에 한 여자를 얻었다고.
　　당신은 나에게 있어서 세계라고 할 수 있소.

한 평 남짓한 감옥에서 김남주 시인이 보여주는 큰 여유와 한 여자에 대한 사랑을 이렇게 절절하게 표현한 글을 일찍이 본 적이 없는데요, 시인은 '용기'에 대해 이렇게 말하고 있습니다.

　　용기 있는 사람은 결정적인 순간에 결단을 내릴 줄 아는 사람이오.
　　결단이야말로 어떤 사람을 다른 사람과 구별케 하는 가장 좋은 인간적 특성이 아닌가 싶소.
　　결단은 여럿 중에서 부차적인 것을 버리는 행위요.
　　버리지 않고 인간은 한 발자국도 앞으로 전진하지 못하오.

역사적인 사업에 종사하고자 하는 사람은 사적인 이익의 일부 또는 전부를 포기해야 할 때가 있는데 그 때 그것을 하는 사람이 다름 아닌 결단성 있는 사람이오.

김남주 시인은 그야말로 만인을 위해 살다가 너무 일찍 우리들 곁을 떠난 시인입니다. 그가 그토록 바라던 진정한 봄을 맞이하지 못하고 그는 갔습니다. 끝으로 그의 편지글 중에서 그가 그토록 그리던 '봄'을 소개합니다.

사랑하는 광숙,
당신이 접어준 책갈피 속에서 봄이 와 있음을 알았습니다.
그래서 속으로 고향산천을 떠올렸다오.
철창 너머 담 밖에 와 있나보다.
나하고는 무연한 것이,
봄이라고 하는 것이,
겨우내 얼어붙었던 강이 풀리고 골짜기마다에는 봄기운이 그윽하겠다.
겨우내 마른 풀들도 바람에 일어 봄처녀 반기고,
바람은 불어 강바람 새악시 앙가슴 헤쳐 놓겠다.
만상이 다 풀리겠다.
흙이 풀리고 마구간에 겨우내 갇혀 있었던 송아지도 고삐 풀려 들판을 휘달리겠다.

아,
어느 해 우리에게도 봄이 와서 흙 묻은 손 새로 맞잡고 살찐 가슴이며 볼을 매만질 수 있을까!

누구도 마침표를 찍지 못한다
(정일근/시와시학사)

연말을 어떻게 보내고 계십니까?
이런 저런 모임에 치여 여유 없이 보내고 있는 건 아닌지요?
저는 방학을 맞아 여기저기서 보내준 그동안 밀린 책들을 꺼내 읽고 있는데요, 여름에 받은 책을 이제야 읽었습니다.
지금 울산에서 '다운재'라는 문화공간을 운영하고 있는 정일근 시인이 보내준 그의 여섯 번째 시집 『누구도 마침표를 찍지 못한다』를 소개할까 합니다.
그는 얼마 전에 몸을 크게 상한 적이 있었는데, 그는 자서(自序)

에 그때의 감회를 이렇게 적고 있습니다.

>   생의 아찔했던 고비에서 돌아와
>   저에게 여섯 번째가 되는 시집을 묶습니다
>   수술실로 들어가면서 전신마취에서 깨어났을 때
>   제 머리 속 노래들이 모두 달아나 버리면 어떻게 할까 걱정했
> 는데
>   아직 남아 있는 생애에 대해
>   아직 끝나지 않은 노래에 대해 감사합니다
>   이제는 시를 조금 알 것 같습니다
>   그래서 많이 부끄럽습니다만
>   부끄러움도 감출 수 없는 제 마음이기에
>   곱게 다려서 여러분에게 보냅니다

　수술실에 들어가 죽음의 고비를 넘겨본 시인만이 느낄 수 있는 삶의 뜨거움을 정일근 시인은 「뜨거움」이란 제목으로 쓰고 있는데 그 시를 소개합니다.

>   칼에 살을 베여보지 않은 사람은 제 살의 뜨거움을 알지 못
> 한다
>   작은 베임에 마흔을 지내온 내 몸이 통째로 화끈거린다
>   고맙다! 내 속에도 아직 뜨거운 불이 숨어 있으니

우리나라 화단에 한 획을 그은 박수근 화백의 그림 〈기다림〉을 아시는지요?
　그림에도 남다른 조예가 있는 정일근 시인은 그 그림을 시로 표현하고 있는데, 「그리움」이라는 제목의 시를 소개합니다.

    멀리서 뚜렷한 풍경이
    가까이 다가설수록 흐려진다

    세상의 이치는 가까워질수록 선명해야 하는데
    내가 내 속으로 들어선 듯 점점
    마을이, 골목길이, 어머니의 등이 보이지 않는다

    감출 수 없는 원시의 세월을 돌아서 나오는데
    내 안에 숨어 있는 검은 개가 컹컹 짖는다

    기다리는 일이 그러한 것처럼
    몇 발쯤 물러서야 환히 보이는 기다림
    저 기다림

　저는 이 시집을 새벽까지 읽었는데요, 시간이 그래서인지 아니면 제가 요즘 시를 쓰지 못해서인지 가슴으로 와닿는 시가 있어 소개합니다.

제목은 「겨울 새벽」입니다.

> 겨울 새벽에는 일어나 시를 쓰자
> 이 시간 어둠 저 편 가장 빛나는 별에서도
> 얼음에 덮인 추운 새벽잠 떨치고 시를 쓰는
> 시인 친구가 있을 것이다, 믿으며
> 그 시인 우리가 깨어 있는 지구별을 바라보며
> 저 별 참으로 빛나네, 가슴 벅차 한참이나 전율하다
> 격정의 시를 쓸 것이다, 믿으며
> 겨울 새벽에는 혼을 태워 시의 등불을 켜자
> 그 등불로 우주를 밝히자

이제 며칠이 지나면 새해가 오겠지요. 그러면 원하든 원하지 않든 한 살의 나이를 더 먹게 되는데, 나이를 먹는다는 것, 글쎄 생각에 따라서는 보다 성숙해진다는 의미와 함께 죽음에 가까워진다는 표현이기도 하겠지요.

끝으로 「나에게 사랑이란」을 소개합니다.

> 마음 속에 누구를 담고 살아간다는 것이
> 사랑인 줄 알았습니다, 사랑하기에
> 젊은 날엔 그대로 하여 마음 아픈 것도
> 사랑의 아픔으로만 알았습니다

이제 그대를 내 마음 속에서 떠나 보냅니다
멀리 흘러가는 강물에 아득히 부는 바람에
잘 가라 사랑아, 내 마음 속의 그대를 놓아 보냅니다
불혹, 마음의 빈자리 하나 만들어놓고서야
나는 사랑이 무엇인지 아는 나이가 되었나 봅니다
사랑이란 누군가를 가두는 것이 아니라
마음을 비워놓고 기다리는 일이어서
그 빈자리로 찾아올 누군가를 기다리는 일이어서
사람을 기다리는 일이 사랑이라는 것을
이제서야 나도 알게 되었나 봅니다

내가 본 부처
(도법/호미)

　얼마 전에 집으로 배달된 우편물을 보고 무척이나 기뻤던 적이 있었는데요, 실상사에 계시는 도법스님께서 직접 쓰신 『내가 본 부처』라는 책을 보내 주셨습니다.
　지난 해 겨울에 실상사에 들러 잠깐 뵌 적이 있는데, 잊지 않고 책을 보내주신 게 얼마나 고마웠는지 모릅니다. 오늘은 도법스님의 『내가 본 부처』를 소개할까 합니다.

도법스님이 누구인지 잘 모르는 분들을 위해 잠깐 소개하면, 스님은 제주에서 나셨지요. 열여덟 살 때인 1966년 금산사에서 출가하셨고 해인사 강원에서 경전을 공부하시고, 1995년부터 실상사 주지를 맡아오고 계신 분인데요, 스님은 실상사에서 귀농전문학교를 설립하는가 하면 인드라망 생명공동체를 창립하셨을 뿐만 아니라 파괴되어가는 지리산을 살리기 위해 '지리산을 사랑하는 열린 연대'의 상임대표이면서 지난해에는 천주교, 개신교, 불교, 원불교 등 일곱 종단과 함께 지리산에서 육이오 전쟁을 전후하여 좌우 이념의 대립에 희생된 수만 명을 원혼을 위로하는 천도제를 주도한 바 있는 스님입니다. 도법스님이 세간에 알려지게 된 계기는 지난 1998년 한국불교를 대표하는 조계종이 어지러운 분규에 휩쓸렸을 때 총무원장 권한대행으로서 분규를 마무리 짓고는 미련 없이 실상사로 내려온 일에서 알려지기 시작했는데요, 한 여론조사에서 성철, 원효, 서옹스님에 이어 "존경하는 스님" 4위에 오를 만큼 불교계는 물론 일반인 사이에도 신망이 두터운 그런 스님입니다.

도법스님의 『내가 본 부처』는 스님께서 출가 행자들에게 부처님의 생애와 사상에 대해 강의한 내용을 수록한 일종의 강연집이라고 할 수 있는데요, 불교에 대한 깊은 지식이 없어도 부처와 불교를 올바르게 이해하는 데 무척 도움이 되는 책이지요.
  스님은 책머리에 이렇게 쓰고 있습니다.

싯다르타의 꿈과 우리의 꿈은 같은 것일까, 다른 것일까?
이천육백여 년 전 싯다르타의 바람과 오늘 우리의 바람에는 어떤 차이점이 있을까?
한 가지 확실한 것은, 싯다르타 그 친구도 사람이었고 우리도 사람이라는 부정할 수 없는 사실이다.
다만 한 가지 확연하게 다른 점이 있다.
그 친구(부처)는 내려놓음으로써 꿈을 실현하려 했고, 우리는 거머쥠으로써 꿈을 실현하려고 한다.
우리는 자신의 울타리를 쌓아올림으로써 바라는 바를 실현하려고 하는데, 그 친구는 자신의 울타리를 철저하게 해체시킴으로써 바라는 것을 실현하려고 한다.

도법스님은 수행자들에게 먼저 불교에 대해 설명하고 있는데요, 도법스님이 말하는 불교는 무엇인지 소개합니다.

불교는 바로 "지금 여기"의 이야기입니다.
하루하루, 순간순간마다의 일상적이고 구체적인 삶의 이야기이며 우리가 일상적으로 생각하고 관심을 갖고 말하는 바로 그런 문제를 다루고 있습니다.
다만 삶의 일상을 다루는 사상과 방법론이 일반적인 경향과 차이를 가질 따름입니다. 그 사상과 방법의 차이에 따라 중생살이를 되풀이하는 삶을 살 수도 있고 부처의 삶을 살 수도 있습니다.

  중생의 길을 청산하여 부처의 삶으로 전환하고 향상할 수 있도록 생각하고, 말하고, 행동하는 길을 가르치는 것이 바로 불교입니다.

  여러분은 '목숨'에 대해 생각해보신 적이 있습니까?
  우리가 그렇게 지키고자하는 '목숨'은 과연 무엇일까요?
  도법스님은 관계성의 진리인 연기법을 설명하면서 관계를 중요시하는데 이 관계를 통해 인간과 자연, 인간과 환경의 관계를 설명합니다.
  끝으로, 도법스님이 말하는 '목숨'에 대한 이야기를 소개합니다.

  사람에게 가장 중요한 것이 무엇입니까?
  목숨입니다.
  그러면 그 목숨은 도대체 무엇입니까?
  어디에 있는지, 어떻게 생겼는지 아는 사람은 아무도 없습니다.
  실제로 우리의 몸뚱어리는 땅, 물, 불, 바람의 4대 요소가 서로 어울려 이루어져 있는 상태일 뿐입니다.
  이 목숨을 유지해 가려면 공기를 호흡해야 하고, 물을 마셔야 하고, 음식을 먹어야 합니다.
  이런 논리로 보면 물은 과연 우리의 목숨인가, 아닌가?

산소가 우리의 목숨인가, 아닌가?
음식이 우리의 목숨인가, 아닌가?
이 말은 산소와 우리가 정상적으로 소통될 수 있는 관계에 의해 우리의 목숨은 존재한다는 말입니다.
물과 나의 소통이 정상적으로 이루어지는 관계에 의해 내 목숨이 성립하고, 음식과 나의 정상적인 관계, 산천초목과 나의 정상적인 관계, 우주와 나의 정상적인 관계들을 통해 나의 목숨이 성립되고 유지됩니다.
그 관계를 끊으면 모두가 끝입니다.

내가 사랑한 사람 내가 사랑한 세상
(곽재구/한양출판)

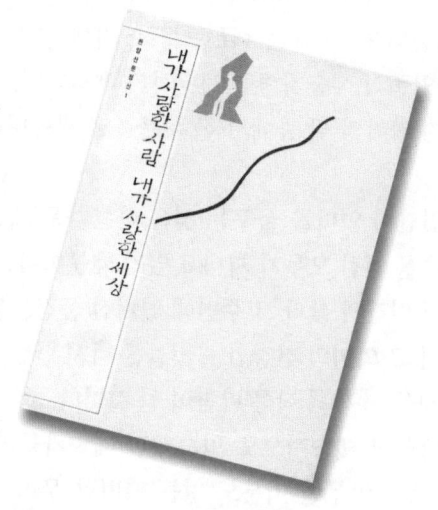

 지난주에는 짬을 내서 강원도엘 다녀왔습니다.
 영주 부석사에서 내려다본, 마치 진경산수화 같은 산들의 흐름도 좋았고 정선아라리로 유명한 아우라지 섶다리도 참 좋았습니다.
 '어디론가 떠난다는 것'은 내 안에서 멀어져간 '나'를 찾는 일인 동시에, 나도 모르는 사이에 내 안에 자리잡은 '나' 아닌 것들을 버리는 일이라는 생각을 다시금 해봅니다.

오늘은 오래 전에 읽은 기행산문집 한 권을 소개할까 합니다. 시인 곽재구가 쓴 『내가 사랑한 사람 내가 사랑한 세상』이라는 제목의 책인데요, 이 글은 〈금호 문화〉지에 연재하던 것을 단행본으로 엮은 일종의 예술기행에 해당하는 책입니다.
먼저 작가의 말 중에서 한 부분을 소개합니다.

　인간이 역마를 꿈꾸는 것은 아름다운 세상에 대한 근원적인 향수를 인간 모두가 지니고 있기 때문이다.
　한 인간의 삶과 그 주변에 펼쳐진 풍경들을 통해 오늘 우리의 삶과 그 의미의 건강한 불빛들을 다시 한번 되살려볼 수 있다면 그것은 이 책의 작은 바람이 될 것이다.
　아울러 대중적으로 익숙해진 예술가들의 삶과 작품을 통해서 혹은 아무런 이름도 없는 평범한 우리 주변 이웃들의 삶을 통해서 우리가 지난 정신 문화의 일면을 새롭게 답사해 보고 싶은 얼마쯤의 욕심이 이 책의 한쪽에 자리하고 있다 보아 좋을 것이다.
　시끌벅적한 답사나 견학보다 마음의 여행, 정신의 여행을 원하는 친구들에게 이 책이 많이 읽혔으면 싶다.

이 책은 '미조포구에서의 짧은 하룻밤의 기록' 이라는 글을 시작으로 해서 섬진강과 청학동, 선운사와 질마재, 신동엽의 금강, 공재 윤두서와 다산 정약용, 화가 김환기의 고향 기좌도 등을 비롯하여

'티엔츠에 핀 하얀 연꽃'이라는 제목의 서역기행, 그리고 판화가 이철수와 서양화가 한희원의 전시회에서의 감회 등을 쓰고 있는데요, '미륵이 도운 땅'이라는 제목으로 쓰여진 '미조포구'에서의 감회를 읽어보겠습니다.

　　미조에서 하룻밤을 묵는다는 생각을 하는 것은 어려운 일이 아니었다.
　　나는 바다가 잘 보이는 이층방을 잡았다.
　　창 밖으로 몇 척의 고깃배들이 차례로 포구를 떠나는 것이 보인다.
　　밤이 제법 깊었을 것이다. 그런데도 배들은 떠난다.
　　먼 바다 한가운데서 그들은 새로운 꿈을 꿀 것이다.
　　포구의 불빛들이 거의 스러졌다.
　　안일과 휴식이 필요한 시각.
　　그 어떤 정밀한 시간의 틈새 속에서 고깃배들의 엔진소리가 강하게 들려온다.
　　나는 희망이란 존재한다고 믿어왔다.
　　조금 더 구체적으로 이야기한다면 아름다움이란 우리의 삶 속에 어떤 형태로든 스며들어 존재한다고 생각해 왔다.
　　새벽이 오고 있다. 날이 완전히 새기 전에 바다에 나가리라.
　　이 새벽, 먼 바다로 나가는 배가 있다면 주저하지 않고 그 배에 오르리라.

이 책을 읽다 보면 많은 시편들과 시인, 그리고 예술가들을 만나는 기쁨도 함께 누리게 되는데요. 끝으로 한희원이라는 화가의 전시회에 대한 소감의 일부를 소개합니다.

    사람들이여,
    더러는 영등포 시장에서 콩나물을 사거나,
    아침 저녁 출퇴근하는 지하철에서 신물나게 시달림을 받거나,
    아니면 한때의 허망한 꿈으로 동해안과 서해안을 가리지 않고 땅사재기에 나선,
    그도 저도 아니면 스물댓 평 아파트를 만들기 위해 밥도 국도 영화도 어쩔 수 없이 사양했던 그 무수한 별들이여,
    잠시 일손을 놓고 한번 한희원의 그림 보기에 나서지 않겠는가?
    거기 그대들의 별이 어떻게 반짝이는지,
    가서 여윈 그 별의 볼을 한번 쓰다듬어 주지 않겠는가?

아무리 바빠도 아버지 노릇은 해야지요
(서정홍/보리출판사)

겨울방학이 끝나가고 있습니다.
 집에서 하루종일을 보내는 아이들을 보면서 걱정 많이 하셨지요?
 '저게 누굴 닮아서 저러나?', '옆집 아인 말도 잘 듣고 책도 잘 읽고 공부도 잘 한다는데' 하고 역정을 내는 경우도 있는데 문제는 아이들에게 있는 게 아니라 부모들에게 그 책임이 더 큰 게 아닐까요?
 오늘은 서정홍이라는 시인이 쓴 『아무리 바빠도 아버지 노릇은 해야지요』라는 책을 소개할까 합니다.
  먼저 윤구병 선생이 쓴 발문(跋文)의 일부를 소개합니다.

  나는 이 책에서 많은 일깨움을 얻었다.
  그 가운데서도 가장 큰 일깨움은 자식 농사에도 남자 손이 꼭 필요하다는 깨달음이었다.
  그러나 이것은 이미 때늦은 일깨움이다.
  이제 한창 자라는 아이들이 있는 아버지들이 이 책을 읽는다면 나처럼 뒤늦게야 회한에 잠기지 않으리라는 생각이 든다.
  아버지 노릇을 제대로 하려는 모든 아버지들이 꼼꼼히 되새기며 읽어야할 책이다.

  이 책에는 누구나가 알고있는, 그렇지만 실천하지 못하는 아버지의 역할이 나오는데, 이를테면 텔레비전 안 보는 날 하루 정해서 책읽기, 가족끼리 편지 써서 서로 돌려보기, 가족 일일 계획표 짜서 보이는 데 붙이기, 감동을 주는 기사를 스크랩해서 가족끼리 토론하기 등 여러 가지를 소개하고 있는데, 이 외에도 저자가 살아오면서 느낀 점을 솔직하게 기록하고 있는 그런 책입니다.
  여러분은 아이들을 나무랄 때 어떻게 하시는지요. 책에 나온 내용을 소개합니다.

  아이들의 잘못을 일깨워주려고 지난 일까지 끄집어내서 나무라지 마세요.
 오히려 반발심만 일어나니까요.
 아이를 나무랄 때는 오늘 잘못한 것만 따끔하게 나무라세요.
 아무리 듣기 좋은 말도 여러 번 하면 잔소리가 되지요.
 그리고 아이들은 어른들보다 실수도 많고 똑같은 잘못도 여러 번 저지르며 자라지요. 지나친 꾸중은 다음에 같은 실수를 저질렀을 때 거짓말을 하게 만든답니다.

 아이가 성적이 떨어졌을 때, 여러분은 어떻게 하시는지요? 이 책에 나온 내용을 소개합니다.

 부모가 보기에도 최선을 다했다고 생각하지만 성적이 오르지 않는 아이에게 사람은 태어날 때부터 똑똑하고 모든 것을 다 아는 사람은 없다고 말해주세요.
 어려움이 없는 즐거움이 어디 있겠어요.
 운동선수들이 금메달을 따기 위해 피나는 노력을 하고, 달리기 선수들은 0.1초를 빨리 달리기 위해 몇 년을 애쓴다지요.
 어려움을 이기고 일어선 사람들의 삶을 서로 나누면서 아이에게 힘을 주세요.
 그저 노력만 하면 된다는 말보다는 더 쉽게 받아들이겠지요.

 이번에 소개할 내용은 제가 집에서 아이를 키우면서 직접 경험

했던 일이라서 더 가슴에 더 와닿는데요, 끝으로 그 내용의 일부를 소개합니다.

    돈 아무데나 두지 마세요.
    아이들은 갖고 싶고 먹고 싶은 것이 많아요.
    그래서 돈을 보면 슬쩍 가지고 싶어진대요.
    밥상 위에나 책상 위에 또는 방바닥에 어른들은 깊은 생각 없이 돈이고 지갑이고 아무데나 두지만 아이들이 그걸 보고 얼마나 많은 고민을 하는지 어른들은 다 알지 못해요. 깜박 잊고 돈을 아무데나 두어서 잃어버렸다고 해도 아이들이 훔쳐가지 않았을까, 마음을 떠보려는 생각은 아예 하지 마세요.
    그리고 아무런 증거 없이 아이들을 의심하지 마세요.
    식구들 사이에 일어난 작은 의심 때문에 끝내 돌아올 수 없는 나쁜 길로 빠져버린 아이들이 얼마나 많은지….

가장 쓸쓸한 일
(양정자/문학동네)

내일이면 새로운 달 2월이 시작됩니다.
집으로 배달된 한 월간지를 읽다가 2월에 관한 부분이 있어 먼저 소개합니다.

2월은 사랑의 그리움을 품고도 3월을 향해 다가가지 못하는 달입니다.
자기의 부족함을 알기에 고통을 감내하면서도 모든 기쁨은 3월에게 바치고, 자신은 한쪽에 비껴 서서 그가 잘 되기를 바라고 그가 아름답게 피어나기를 바라는 슬픈 2월입니다.

　분명 2월은 부족한 달입니다.
　그러나 그보다 더 중요한 것은 2월은 자신이 부족하다는 것을 알고 있다는 것입니다.
　자신이 부족함을 알고 있다는 것. 이것이야말로 어떤 충만함보다 더 아름다운 모습이 아닌가 하고 생각해 봅니다.

　오늘 소개할 책은 양정자 시인의 『가장 쓸쓸한 일』이라는 제목의 시집인데요, 양정자 시인은 『아내 일기』, 『아이들의 풀잎노래』 등으로 우리들에게 잘 알려진 시인이시지요. 먼저 시인의 얘기를 들어보겠습니다.

　　두 번째 시집 이후 7년 만에 내는 세 번째 시집.
　　이 아둔한 마음에도 내가 그동안 써온 시들의 누추함이
　　너무나 뚜렷이 보여 내 시가 싫어지기 시작한다.
　　도대체 이 정도밖에 안 되는 시들을 쓰기 위해,
　　이 세상 아무도 막을 수 없는 덧없는 시간의 흐름을 부여잡고,
　　남몰래 그토록 괴로워했단 말인가!
　　이제 초라한 것들을 내게서 다 떠나보내고 싶은 심정으로
　　이 시집을 엮는다.

미련 없이 다 떠나보냄으로써 그 동안 내 삶에서,
내 시 쓰는 방식에서 벗어나, 새롭게 시작하고 싶다.
그것이 과연 가능할 수 있을 것인지….

양정자 시인은 불혹을 훨씬 넘긴 나이에 작품을 쓰기 시작하는데, 그래서인지 그의 시에는 일상을 붙잡아 내는 섬세함이 읽는 이로 하여금 공감을 형성하게 합니다. 먼저 「늦은 저녁에」라는 시를 소개합니다.

직장에서 돌아와 피곤에 지쳐
저녁밥도 못 먹고 쓰러져 잠만 잤네
놀라 깨어 일어나 보니 밤 9시
식구들 아직 아무도 돌아오지 않아
집 안은 늪처럼 괴괴한데
모래 씹듯 홀로 저녁밥을 먹고
며칠째 하지 못한 집 안 청소를 하는데
마룻바닥에 웬 개미 한 마리
집채만한 빵조각을 져 나르네
자빠지고 고꾸라지고 나동그러지면서…

개미야, 개미야
네 외로움 내가 안다

네 서러움 내가 안다

  시를 아는 사람은 금방 눈치를 채겠지만 이 시에 등장하는 개미는 그냥 개미가 아니지요. 평범한 일상에서 집채만한 빵조각을 져나르는 개미의 모습에서 시인은 자기 자신의 모습을 본 것이겠지요.
  그래서 이 시의 뒷부분에 나오는 표현은 시인이 개미에게 하는 말로 들리는 게 아니라 개미가 시인에게 하는 말로 듣게 됨으로써 그 쓸쓸함은 한층 더한 것이겠지요.
  이어서 「바닷가에서」라는 시를 소개합니다.

  마누라 없이는 살 수 있어도
  술 없으면 한시도 살 수 없을 것 같은 그대

  바닷가 모래 속에 반쯤 처박혀
  폐선처럼 기울어진 홍합껍데기를 파내
  아무 감흥도 없이 모래를 털어내고
  그 잔에 소주를 기울이며 홀로
  망망대해를 우두커니 바라보고 앉아 있는
  희끗희끗한 반백의 머리, 수염 더부룩한 그대에게서 문득
  아무리 가까이 다가가도 닿을 수 없는
  아무도 범접할 수 없는

그대만의 깊은 고적함을 보내

 이 시에 등장하는 '그대'는 바로 시인의 남편인데 『순이삼촌』으로 우리들에게 널리 알려진 현기영 선생이 바로 그분이시지요.

 끝으로 이 시집의 제목이자 이 시집의 서시에 해당하는 「가장 쓸쓸한 일」이라는 시를 소개합니다.

   아아, 쉬임 없이 흐름으로써 우리를 고문하는
   잔인한 시간이여
   너를 죽여 모든 생활을 얻은들
   모든 생활을 죽여 너를 얻은들
   또 무얼 하리

환한 저녁
(고증식/실천문학사)

　마음이 따뜻한 사람 하나 알고 산다는 건 행복입니다.
　그 따뜻한 마음을 시편에 실어 이웃에게 나누어주는 사람이라면 그건 더욱 행복한 일입니다.
　저에게도 그런 시인이 있습니다.
　경남 밀양에서 학생들을 가르치면서 시를 쓰는 고증식 시인이 바로 그 사람인데요, 그의 시집 『환한 저녁』을 소개합니다.
　먼저 시집 후기(後記)에 그의 목소리를 들어봅니다.

마흔이 넘어 첫 시집을 엮는다.
많이도 둘러왔다는 생각이 든다.
생의 한 굽이를 돌 때마다 손잡아 일으켜 주셨던 분들을 일일이 다 댈 수가 없다.
그분들의 따스한 입김에 조금이라도 가닿을 수 있었으면….
이젠, 혼자 떨어져 걷는 일에도 익숙해져야겠다.
 여린 꽃 한 송이 피워올리는 들풀들의 순결함으로, 깊은 골짜기를 울리는 겨울 물소리처럼.
낳아놓은 자식들이 변변치 않아 부끄럽지만 이만한 용기로라도 내 사유와 도량이 한층 깊고 넓어졌으면 좋겠다.

그의 시를 읽다보면 참 따뜻하다는 생각과 함께 너무 꾸밈이 없어 당황스럽기까지 하는데요, 먼저 「겨울나기」라는 제목의 시를 소개합니다.

   자동차 소리도 멀어지고
   네 식구 한 방에 이불을 펴고 눕는다
   쉼없이 깔깔거리던 아이들은
   거짓말처럼 금세 잠들어버리고
   엎드려 책을 뒤적이는 내 곁에
   아내는 내복바람으로 앉아

아까부터 가계부와 씨름하고 있다
너무 작아서
바람 한 점 샐 틈도 없는 집
차가운 달 하나 공중에 매달아놓고
세상엔 칼바람 소리만 몰려다니는데

이렇게 잠들어도 되는 건가
따뜻한 꿈꾸어도 되는 건가

'바람 한 점 샐 틈도 없는 집'에서 '내복바람으로 가계부와 씨름하고 있는 아내'와 함께 살면서도 시인은 그 따뜻한 마음 때문에 친구의 대출 보증 부탁을 함부로 거절하지 못합니다. 「대출 보증」이라는 그의 시를 소개합니다.

어느 날
고향 같은 친구 녀석
비싼 시외 전화 잦더니
대출 보증 서 달란다

일손 잡히지 않는다
마음 자꾸만 뒷걸음치는데

말하기는 얼마나 더 어려웠을까

도장 눌러주고
술 한 잔 얻어먹고

'너 임마
그 돈 다 갚을 때까지
절대로 죽거나 해선 안 돼'

덕담 쥐어주며 돌아서는 등뒤로
오늘따라
달빛 유난히 밝다

그런 그에게도 꿈이 있습니다. 그 꿈 또한 너무 소박하고 따뜻해서 가슴이 저려오는데요, 끝으로 그의 시 「내 기다림은」을 소개합니다.

희미한 불빛이나마 근력 좀 남았을 때 조기퇴직하는 일이다 아버지 무덤가 어디쯤 작은 집 하나 짓고 그 옆에 손바닥만한 텃밭이라도 한 뙈기 마련한다면 어릴 적 떠나보낸 노랑나비 한 쌍과 호박벌 몇 마리 붕붕거리며 찾아와 주리 배추꽃 장다리 노랗게 솟아오른 사이로 오후 한나절이 아지랑이 속에 졸고 저물녘엔 들판에 나가 동구 밖을 지키는 기다림 되리 고향집이 그리워 달려오는 한규와 치마폭 가득 들꽃을 따 담고 돌아오는 원영이를 맞아 석양은 긴 그림자를 만들고 그때가 되면 한세상 슬픈 물줄기로 흐르던 내 사랑도 데려다가 텃밭에 심으리 새벽 이슬 털어온 정열로 고운 흙가루 적셔주며 비로소 나는 그들 속에서 피어나는 가슴 맑은 꽃잎이 되리

詩를 찾아서
(정희성/창작과비평사)

설 연휴는 잘 보내셨는지요?
 아침 출근길이 가벼웠으면 하는 바람입니다만, 설빔을 차리느라 손님맞이하랴, 밀린 설거지하랴 파김치가 되었을 이 시대의 아내와 어머니들에겐 이 아침 출근길이 그리 가볍지만은 않겠지요.
 아무튼 힘내시고 하루를 힘차게 출발하시기 바랍니다.

 오늘 소개할 책은 정희성 시인의 『詩를 찾아서』라는 시집입니다. 『답청』, 『저문 강에 삽을 씻고』, 『한 그리움이 다른 그리움에게』 이후 네 번째 시집인데요, 시를 읽으면서 함부로 쓴 시와 한 자

한 자 혼을 담아 쓴 시가 어떻게 다른지를 생각하게 한 시집입니다.

먼저 시집 뒤에 실린 시인의 글을 소개합니다.

정말로 내가 '어린애 같은 마음'으로 되돌아가서 세상을 고운 눈으로 바라볼 수 있을지 자신하기 어렵다.
나는 너무도 오랫동안 미움의 언어에 길들어왔다.
분노의 감정이 나를 지배하는 동안에만 시가 씌어졌고 증오의 대상이 내 앞에 모습을 드러낼 때만 마음이 움직였다.
그러나 나는 이제 새로운 길을 찾아 나서고자 한다.
나는 나의 말로부터 해방되고 싶고 가능하다면 나 자신으로부터도 해방됐으면 싶다.
이제 길을 나서기는 했는데 나와 내 말이 어디에 가 닿을지 아직도 잘 모르겠다.

정희성 시인은 작품도 과작이지만 말을 함부로 하지 않은 사람입니다. 그만큼 신중하다는 얘긴데 먼저 「말」이라는 시를 소개합니다.

세상에 입 가진 자 저마다 떠들어대서
나는 오랫동안 참고 말 안 하는 버릇을 들이다가
이제는 말도 잊어버리고 말하는 재미도 잊어버리고

그것이 그렇게 마음 편해서
마침내는 시를 쓰는 것도 잊어버리고 살다가
시인이 시를 안 쓰고 말도 안 하면
무엇에 쓰겠냐고 누가 혀를 차는 바람에
그도 그렇겠다 싶어 원고지 앞에 다시 앉으니
도무지 말을 처음 배우는 어린애마냥
서투르고 그 말이라는 게 신기하기만 하다
나는 말하는 법을 새로 배워야겠다

시집을 읽으면서 참 가슴에 와닿는 시편들이 많았는데요, 그 중에 내 마음을 들켜버린 것 같은 시가 있어 소개합니다.
제목은 「차라리 시를 가슴에 묻는다」라는 시입니다.

발표 안된 시 두 편만
가슴에 품고 있어도 나는 부자다
부자로 살고 싶어서
발표도 안 한다
시 두 편 가지고 있는 동안은
어느 부자 부럽지 않지만
시를 털어버리고 나면
거지가 될 게 뻔하니
잡지사에서 청탁이 와도 안 주고

> 차라리 시를 가슴에 묻는다
> 거지는 나의 생리에 맞지 않으므로
> 나도 좀 잘 살고 싶으므로

 시가 자동판매기에서 커피를 뽑듯 만들어지는 게 아니기 때문에 자기가 쓴, 아무도 모르는 시 한두 편 갖고 있을 때의 그 넉넉함은 시를 쓰는 사람만이 알 수 있는 감정이 아닐까 합니다.
 정희성 시인은 우리식 나이로 본다면 환갑을 눈앞에 둔 나이인데, 시 속에 드러나는 그의 생각은 어리석으리만치 순수합니다.
 「첫 고백」이라는 시를 소개합니다.

> 오십 평생 살아오는 동안
> 삼십 년이 넘게 군사독재 속에 지내오면서
> 너무나 많은 사람들을 증오하다보니
> 사람 꼴도 말이 아니고
> 이제는 내 자신도 미워져서
> 무엇보다 그것이 괴로워 견딜 수 없다고
> 신부님 앞에 가서 고백했더니
> 신부님이 집에 가서 주기도문 열 번을 외우라고 했다
>
> 그래서 나는 어린애 같은 마음이 되어
> 그냥 그대로 했다

끝으로 이 시대를 살아가는 사람이라면 한번쯤 가슴에 새겨야할 시, 「세상이 달라졌다」를 소개합니다.

　　세상이 달라졌다
　　저항은 영원히 우리들의 몫인 줄 알았는데
　　이제는 가진 자들이 저항을 하고 있다
　　세상이 많이 달라져서
　　저항은 어떤 이들에겐 밥이 되었고
　　또 어떤 사람들에겐 권력이 되었지만
　　우리 같은 얼간이들은 저항마저 빼앗겼다
　　세상은 확실히 달라졌다
　　이제는 벗들도 말수가 적어졌고
　　개들이 뼈다귀를 물고 나무 그늘로 사라진
　　뜨거운 여름 낮의 한때처럼
　　세상은 한결 고요해졌다

제비꽃 여인숙
(이정록/민음사)

3월입니다.
 초등학교에 입학한 어린이들, 초등학교에서 중학교로 올라간 학생들, 그리고 고등학생이 되고 대학생이 된 이 땅의 모든 젊은이들, 마른 나무 가지 끝까지 수액을 빨아 올려 새순을 피워 내는 3월의 나무들처럼 싱싱하고 활기차게 하루를 시작하시길 바랍니다.

 오늘 소개할 책은 이정록 시인의 『제비꽃 여인숙』이라는 시집인데요, 이정록 시인은 1993년 〈동아일보〉 신춘문예에 시가 당선되어 등단한 이후 『벌레의 집은 아늑하다』, 『풋사과의 주름살』, 『버드나무 껍질에 세들고 싶다』 등의 시집을 발표한 바 있지요.
　먼저 시집의 첫머리에 실려있는 그의 自序를 소개합니다.

　　대나무 뿌리, 그 짧은 한 마디가 만져진다. 다음으로 가려면

　　이 문을 닫아야 한다.

　이정록 시인은 충남에서 태어나 그곳에서 교편을 잡고 있고 시를 쓰고 있어서 그 지역을 중심으로 활동하는 작가들과 많은 교분을 갖고 있는데요, 먼저 그의 선배이면서 절친한 벗인 소설가 한창훈을 부제로 한 시 「숲」을 소개합니다.

　　홀로 숲이 되는 사람이 있다
　　홀로 열두 마리 짐승이 되어
　　파도 저 아래처럼 겨울잠도 자고
　　봄 칡도 파헤치는 거시기가 있다
　　바다에 가면 파도의 숲
　　사막에 가면 모래의 숲이 되는,
　　홀로 일백이십 마리의 짐승을
　　열매 맺는, 인화성 나이테가 있다
　　망우리에 가면 망우리의 모든 봉우리를

망월동에 가면 망월동의 모든 봉우리를
모닥불로 바꾸는 매운 눈물의 숲이 있다
무덤에 들면 무덤을 덮어버리고
비석이며 비목에 이파리를 내다 거는
깊고 푸른 그늘이 있다
그의 응달쪽 자갈길을
툭 건드려 보아라 그의 등성이가
일천이백 마리의 숲을 데리고 나와
거문도 앞바다의 소금 산맥을 보여 주리니
홀로 일만이천 겹의 풍랑을 잠재우고
동백나무 숲으로 세상을 돌려놓는
숭악한 짐승이 있다
바다가 되는 사람이 있다

  그의 시집을 읽다 보면 그의 생각의 깊이가 만만치 않음을 알 수 있고 기발한 상상력에 시샘이 나는 경우도 있는데요, 후자에 해당하는 시, 「병따개가 없는 술집」을 소개합니다.

소주병을
이빨로 따던 때가 있었다
밑반찬이 나오기도 전에
족히 반병은 나발 불던

병따개가 필요 없던 시절이 있었다
그래도 술값은 하며 살 때였다
하지만 이제 어금니 없이도
소주병은 잘도 돌아간다
소리도 경쾌한 그린그린
부드럽게 살라고 풀잎 가슴을 내민다
소주병만해진 맥주병들은
눈만 흘겨도 열린다
정작 뚜껑이 열리고
돌아버릴 것 같은 때에는
병 뚜껑이라도
속 썩여야 될 것 아닌가
병 모가지라도
욕설바가지가 되어야 할 것이 아닌가
뚜껑이 너무 잘 열린다
저만 기분 좋게 잘도 돌아간다

  이정록의 시집 『제비꽃 여인숙』에서 가장 가슴 아리게 읽었던 시, 「돌의 이마를 짚다」를 마지막으로 소개합니다.

  집으로 돌아오는
  먼 길, 내 책가방 속에는

돌멩이 가득했다

아이들이 나 몰래 집어넣은
그 돌멩이의 무게로
고추 모종 같은 내 어깨는
멍 가실 날이 없었다

모종삽 같은 내 얼굴을 피해
어머니는 그때 눈물을 훔치셨던가
삼학년 때까지 져 나른
그 쓸데없는 잔돌들을, 어머니는
안마당과 뒤뜰 추녀 밑에 깔아 놓으셨다

큰애 덕분에
흙 마당이 패이지 않겠네

그 옛날, 어머니의 가슴속
붉은 낙숫물은 어디로 흘러갔을까
어머니의 눈망울 속 버걱거리던 잔돌들은
어디에 박혀서 흔적도 없는 주춧돌이 되었을까

내 가슴 한쪽

분을 이기지 못한 짱돌과
또 다른 가슴 한켠
추녀 밑 갸륵한 잔돌 사이에서
나는 얼마나 오래도록 돌의 이마를 짚어왔던가
흙덩이보다도 쉬 부서지는 다짐 위에
얼마나 많은 낙숫물을 받아왔던가

언제 어디서든, 나는
돌을 쓰다듬는 버릇이 있다
하늘의 처마 밑에서
낙숫물을 받들고 있는
세상 모든 어머니라는 돌을

제 친구들하고 인사하실래요?
(조병준/도서출판 그린비)

한 평생을 살아가면서 우리는 수많은 사람들과 만납니다.
그 무수한 만남 중에 우리의 가슴 속에 영원히 남을 만남이 하나만 있어도 따뜻하고 넉넉하겠지요.

오늘 소개할 책은 조병준이라는 사람이 쓴 『제 친구들하고 인사하실래요?』라는 책인데요, 이 책은 작가가 12개월 동안 인도 캘커타에 있는 '마더 테레사의 집'에서 자원봉사 활동을 하면서 만난 사람들의 이야기입니다.

먼저 '이 책을 읽어줄 친구들에게' 라는 제목으로 쓴 책머리에 나오는 한 부분을 소개합니다.

언제나 보고 싶고, 언제나 제 마음 한 모퉁이에서 저를 기다리고 있는 친구들의 이야기입니다.
어떤 친구의 이야기를 먼저 해야 할지 고민이 많았습니다.
많은 친구들의 이야기는 끝내 이 책 안에 들어가지 못했습니다.
사실 이 책에 실린 친구보다는 실리지 못한 친구들이 훨씬 많습니다.
글쎄요, 언젠가 또 기회가 있겠지요. 어쩌면 없을 수도 있구요.
세상 사람 모두를 만날 수 없듯이 모든 이야기를 다 할 수도 없는 법이니까요.
그냥 착한 사람들의 이야기입니다.
그다지 특별하달 것도 없는 보통 사람들의 이야기입니다.

이 책에는 이렇듯 국적도 다르고 인종도 다르고 언어도 다른 아홉 명의 친구들이 나옵니다. 읽어보면 정말이지 특별하달 것도 없는데 한 가지 분명한 것은 참, 따뜻한 사람들이란 점입니다. 나보다는 남을 먼저 생각하고 칭찬에 인색하지 않고 자신을 내세우지 않는 그런 사람들입니다.

작가 조병준은 이 책을 펴내면서 받게 될 印稅에 대해 이렇게 말합니다.

　　책의 인세로 12%를 요구했습니다.
　　너무나 당당하게 요구했지요.
　　조금 무리한 요구라는 것, 잘 알고 있었습니다.
　　제 설명을 들은 출판사에서 제 무리한 요구를 들어주었습니다.
　　이 책의 인세 12%는 여섯으로 나누어질 것입니다.
　　한 책마다 인세의 2%씩은 우선 캘커타 마더 테레사의 집으로 보내질 것입니다.
　　두 번째 2%씩은 인천과 안산에 있는 마더 테레사의 집으로 보내질 것이구요.
　　세 번째 2%씩은 우리나라에 와서 고생하는 외국인 노동자들을 위한 단체를 위해 쓰이게 될 것입니다.
　　네 번째 2%씩은 배고픈 북한 동포를 위해 쓰였으면 합니다.
　　다섯 번째 2%씩은 고아원과 불우청소년을 돕는데 쓰고 싶구요.
　　그리고 마지막 여섯 번째 2%씩은 제가 챙기렵니다.
　　친구들 이야기로 돈 벌고 싶은 마음은 털끝만큼도 없지만요, 그래도 어쩝니까? 저도 먹고 살기는 해야거든요.
　　사실은 그 돈을 모아서 또 친구들 만나러 갈 비행기표도 사고 싶구요.
이해해 주시리라 믿습니다.

이렇게 장황하게 印稅에 대한 내용을 소개한 이유는 이런 생각을 한 작가 또한 그가 소개하는 사람들만큼이나 참 따뜻한 사람이란 걸 알려드리기 위해서입니다. 이런 사람이라면 12% 중에 2%를 제몫으로 받아서 다시 그런 친구들을 만나러 가겠다는데 누가 말리겠습니까?

이 책을 보면 성자같은 사람들이 많이 등장하는데요, 캘커타의 수녀님들이 신부나 수사의 길을 권했지만 성직자가 아닌 자원봉사자가 자신의 길이라며 정중하게 거절하고는 자원봉사에만 전념하는 '안디', 말도 못하고 움직이지도 못하면서 투정 부리지 않는, 꼭 필요한 게 있으면 조용히 손짓으로 부탁하는 '모하메드' 할아버지, 스페인 출신으로 서울에서 신부로 활동하고 있는, 항상 남에게 위로를 주는 친구 '안또니오'….

이런 친구들과의 만남을 소개한 이 책은 읽는 이들로 하여금 이 세상은 그래도 살만하구나 하는 생각을 갖게 하는데요,
끝으로 캘커타에서 만난 '아르노' 라는 친구에 대한 글에 나오는 한 부분을 소개합니다.

세상에 혼자 할 수 있는 일은 그리 많지 않습니다.
어떤 일에는 여러 사람의 손이 필요합니다.
제가 캘커타에서 참 좋아했고 많이 썼던 말이 있습니다.
 'helping hand' 라는 말이었습니다.
도와주는 손, 도움의 손길, 뭐 그 정도로 번역이 되겠지요.
힘들 때, 외로울 때, 어지러울 정도로 무서운 벼랑 위에 서 있을 때, 우리는 그런 '손'이 필요합니다.
그리고 그럴 때 우리에게 든든한 손을 내밀어 줄 '마음'이 필요합니다.
때로는 우리가 그런 손을 내밀어줘야 할 때도 있을 겝니다.
그렇게 손을 내어주고 받으면, 비록 조금씩이지만 함께 더 높은 곳으로 올라갈 수 있을 겝니다.

안동소주
(안상학/실천문학사)

 그리운 것들은 언제나 멀리 있는가 봅니다.
 안동에서 태어나 그곳에서 터를 잡고 시를 쓰며 살고 있는 안상학 시인을 떠올릴 때마다 그리운 것들은 왜 이리 멀리 있는가를 생각합니다.
 안상학 시인은 눈빛이 선하고 그윽한 사람입니다. 그러나 그 선한 눈빛이 늘 선한 것만은 아닙니다. 불의를 보면 참지 못하고 이게 아니다 싶은 것에는 단호하게 아니다 라고 말할 수 있는 사람이 바로 안상학 시인인데요, 오늘 소개할 책은 안상학 시인이 펴낸

『안동소주』라는 시집입니다.
먼저 안상학 시인에 대한 안도현 시인의 평을 소개합니다.

그리운 게 너무 많아서 안상학은 시를 쓴다.
그리움이란, 대체로 '여기' 있는 내가 '거기' 있는 너를 부르는 양식이다.
그의 시에 자주 나타나는 가난과 좌절과 방황은 그리움을 생의 목적으로 살아가는 시인에게 숙명처럼 들씌워져 있는 것인데, 그것으로부터 그는 도피할 생각이 없는 것처럼 보인다.
오히려 그는 절망을 껴안고 희망을 노래하는 천진한 낭만주의자가 되고 싶어 한다.
안상학의 시가 빛을 반짝이는 것은 바로 그 순간, 그리움의 대상에 대한 여하한 집착도 놓아버릴 때이다.

그는 집안 얘기를 시로 많이 쓰고 있는데요, 그만큼 가족에 대한 그리움과 사랑, 미움과 연민 같은 것들이 교차되면서 시를 빚어낸 게 아닌가 합니다.
그의 가족사의 일부를 「감나무 그늘 아래」라는 시를 통해서 소개합니다.

글테요, 우리 아부지 사는 집에서요
다정하게 모여사는 것은요

살구나무 앵두나무 산수유뿐이지요
묵은 감나무 그늘 아래 모여
서로 다른 꽃 피우고
서로 다른 열매 달며 살지만요
너무 가까워서 뿌리는 한몸이래요

봄날 하루 아부지 뵈러 갔다가요
검버섯 핀 아부지 차마 못 보고
멍하니 그들만 바라보다 돌아왔지요
글쎄요, 몇 해를 열매도 없이
꽃만 다는 살구꽃은 형만 같고요
마른 가지에 겨우 눈 틔운 노란 산수유꽃은
부도난 지아비 아이 보듬고 사는 누이 같고요
빠알갛게 물이 올라 때를 기다리는 앵두나무는
시집도 안 가고 언니 도와 사는 막내누이 같데요
묵은 감나무 그늘 아래 나무들은
그렇게 그렇게 모여 살데요

이 시집에서 감동적으로 읽힌 시는, 갓 돌 지나 이모에게 보내진, "읽지도 쓰지도 못하는" 그의 딸에게 쓰는 편지 형식의 시, 「딸에게」가 있는데요, 누구에게나 딸은 있을 수 있고 그래서 어떤 특수한 상황을 노래한 건 아닌데 딸에 대한 아비의 사랑과 같이 있을 수 없음에 대한 아비로서의 미안함이 잘 드러난 시가 아닌가 합니다.
「딸에게」라는 시를 소개합니다.

갓 돌 지난 너를 부천 이모에게 보내고
배웅도 못한 아비는 마음이 쓰인다
어미는 하루종일 일에 시달리다 밤이면
돌아누워 어깨 눈물을 흘린다
늙은 네 외할미 마른 젖가슴을 마다 않고
잘 논다는 소식에 못내 대견해 하지만
벌써 아비는 마음이 부대낀다
돌이 한참 지나서도 걷지 않는 이유를
발에 맞는 새 신발을 사 신기고서야 안
아비의 불민함을 용서해라 은서야
네가 없는 빈자리를 사이에 두고
에미 애비는 괜히 토닥토닥 다투는구나
돌아눕는 네 어미 등짝에 달 떠올리며
애비는 밤짐승처럼 속으로 울었다. 은서야
부천은 서해가 가깝다는구나, 생각해보니
여태 서해바다 한 번 본 적이 없구나 내 올라가면
소래 포구에 물 들어오는 것 구경이나 우리
원없이 하자꾸나 두 눈이 얼얼하도록

서해바다 푸른 물빛이나 가득 담아보자꾸나
은서야, 읽지도 쓰지도 못하는 편질 쓰는 아비
딱도 하지, 그럼 안녕, 글쎄다, 이 말을 알까 몰라

딸을 이모집에 보내놓고 밤짐승처럼 속으로 울었다는 시인의 선한 눈빛이 손에 잡힐 듯합니다.
아무래도 이 시집에서 안상학 시인의 면모를 한눈에 엿볼 수 있는 것은 이 시집의 제목이기도 한 「안동소주」가 아닌가 하는데, 낭창낭창 이어지는 가락 속에 그의 삶이 여과없이 들어있습니다.
그의 시 「안동소주」를 소개합니다.

나는 요즘 주막이 그립다.
첫머리재, 한티재, 솔티재 혹은 보나루
그 어딘가에 있었던 주막이 그립다.
뒤란 구석진 곳에 소주고리 엎어놓고
장작불로 짜낸 홧홧한 안동소주
마추룸한 호리병에 묵 한 사발
소반 받쳐들고 나오는 주모가 그립다.
팔도 장돌뱅이와 어울려 투전판도 기웃거리다가
심심해지면 동네 청상과 보리밭으로 들어가
기약도 없는 긴 이별을 나누고 싶다.
까무룩 안동소주에 취한 두어 시간 잠에서 깨어나

머리 한 번 흔들고 짚세기 고쳐 매고
길 떠나는 등짐장수를 따라 나서고 싶다
컹컹 짖어 개목다리 건너
말 몰았다 마뜰 지나 한 되 두 되, 선어대
어덕더덕 대추벼리 해 돋았다, 불거리
들락날락 내 앞을 돌아 침 뱉었다, 가래재…
등짐장수의 노래가 멎는 주막에 들러
안동소주 한 두루미에 한 사흘쯤 취해
돌아갈 길 까마득히 잊고 마는
나는 요즘 그런 주막이 그립다

숨은 꽃을 찾아서
(홍성운/푸른숲)

　나이 지긋한 어른이면 또 몰라도 내 또래의 젊은 시인들이 시조를 쓴다고 하면 으레 나는 고개를 갸웃거렸습니다.
　물론 시조가 우리의 전통적인 양식이라는 걸 몰라서가 아닙니다. 다만 그 형식에서 오는 전형성 때문에 그런 생각을 해왔는데 홍성운 시인을 알고 나서부터 시조에 대한 내 생각이 많이 바뀌게 되었는데요, 시조에 대한 내 생각을 바로잡아준 홍성운 시인의 시집 『숨은 꽃을 찾아서』를 소개할까 합니다.
　홍성운 시인은 지금 제주에서 교편을 잡으면서 시를 쓰고 있는데요, 먼저 시집의 앞에 실려 있는 自序를 소개합니다.

지천으로 자귀나무꽃 피면, 황홀한 그 꽃 그늘에서 양귀비는 훌훌 옷을 벗었다는데….
이 가을 섬억새 홀씨 날리듯 나는 허물을 벗는다. 잘 여문 석류알보다는 아무 햇살에나 '찍' 터지는 들꽃 씨발 같은 詩. 품의 아이처럼 놓아주기엔 이른 감이지만, 허술한 것들도 몸 하나는 추슬러 제 빛깔과 소리만큼씩은 집요하게 자라는 법이다.
이제 세상 틈새로 나가 네 낮은 목청이나 맘껏 울리거라

홍성운 시인은 시조라는 다소 경직된 형식 속에서도 제주의 삶과 역사를 넉넉하게 담아내고 있는데요, 「부록마을엔 겨울이 빨리 온다」라는 시를 소개합니다.

시내에서 한 십여 리
잠시 뜨면 알 수 있다
텃새들이 반색하는
등불도 낮은 마을
4 · 3년 소개령으로
대숲바람 남은 자리
첫눈이 내리면
첫눈이 내리는 거지

저만의 약속으로
기다리는 팽나무
섬까치
둥지 하나쯤
말벗으로 달아놓고

눌러앉은 사람에겐
겨울이 빨리 온다
개발제한 이 땅에서
내 뼈가 삭더라도
눈발이
사무치는 날은
빈 터라도 쓸고 싶다

    잠시 4·3 당시를 떠올려보면, 중산간 마을은 소개령이 내려 그곳에 살던 사람들은 해안 마을로 피신하고 마을은 불타 없어지고 말았지요. 계엄이 해제되고 다시 마을로 올라간 사람들이 모여 그 당시의 역사를 가슴에 안고 오늘을 살고 있는 게 제주 중산간의 삶인데요, 홍성운 시인이 중산간 마을 출신이어서 그런지 그의 시선은 자꾸 그쪽 마을로 향하고 있음을 알 수 있습니다. 점점 노령화되고 공동화되어 가는 마을의 풍경을 「팽나무2」라는 시를 통해 느껴보기 바랍니다.

집은 더러 비었어도 팽나무는 은성하다
　어도리 아이들은 판에 박혀 있어아 문득 돌개바람 낯선 내 유년의 대물림 한내는 유산 같은 분교 품어 스스로 싶어지던 시골학교 언제부터인가 생각 가파른 도시 바람은 두엄 배인 이 땅에도 제 욕심을 심었는지 오늘은 귤꽃 그늘 따라 노교사의 어진 훈화가 낙과(落果)되네
　정착금 액수만큼은 자리를 채워야지

　그는 숨은 꽃을 찾아나선 시인입니다. 그가 찾아 나선 길이 바로 시의 길에 다름 아니겠지요.
　마지막으로 이 시집의 제목이기도 한 「숨은 꽃을 찾아서」를 소개합니다.

　　동면을 꿈꿀 때쯤 더 마알간 기억으로
　　오일장 꽃처자를 사전 뒤지듯 뒤지는 건
　　꼭 하나 그리움 묻은
　　숨은 꽃 있음이다

　　내가 오름으로 나앉던 스무 살 무렵
　　휘파람새 울음에도 산둥성이 허전하고
　　천제사 해인(海印)의 물소리

밤새 화두를 풀던

그해 한겨울은 한라산이 깨었어라
둥굴 하나 보살 하나, 스님 하나 나 하나
빙설(氷雪)의 황홀한 둔덕
생명이 피었지

지금도 모른다 그 겨울꽃 세상 이름을
상식의 색깔로는 오히려 노랑인데
숨은 꽃 이름만으로
내 가슴은 야성 붉다

떠나는 것이 어찌 아름답기만 하랴
(김시천/내일을 여는 책)

　벌써 사월도 절반을 넘어섰습니다.
　새해 들면서 다짐했던 시 쓰기는 생각대로 되지 않습니다.
　학년 초라서 이런저런 일에 채이기도 하지만 따지고 보면 핑계에 불과합니다.
　시에 다가서려는 노력이 부족한 탓이겠지요.
　시가 되지 않을 때, 저는 처지가 비슷한 시인들의 시를 읽으면서 마음을 다지곤 하는데, 오늘 소개할 책은 김시천 시인의 『떠나는 것이 어찌 아름답기만 하랴』라는 시집인데요, 김시천 시인은 해직

교사 출신으로 지금은 충북 시골마을에서 국어를 가르치면서 꾸준히 시를 쓰는 사람입니다.
　먼저 제자에 대한 사랑을 듬뿍 담은 시, 「박달재 아이들」을 소개합니다.

　　창희는 점심 시간만 되면 부리나케 달려
　　아버지에게로 간다
　　창희 아버지는 몇 해 전 공사장에 나가
　　허리를 심하게 다친 뒤로
　　눈만 껌뻑이며 기약 없이 누워 있다
　　밥도 먹여 줘야 하고 똥오줌도 받아 줘야 한다
　　창희 엄마는 아버지 약값 벌러 큰 도시로 나가고
　　그러니까 창희는 국민학교 4학년 때부터
　　엄마 대신 밥짓고 빨래하고
　　아버지 병수발을 들어 왔다
　　학교에서 창희의 그런 처지를 아는 사람은 거의 없다
　　창희 녀석이 전혀 내색하지 않기 때문이다
　　창희는 오늘도 아무 일 없다는 듯이
　　아이들과 장난치고 웃고 떠들다가
　　점심 시간 종이 울리자마자 부리나케 달려
　　아버지에게로 간다
　　눈만 껌뻑이며 누워 있는

아버지에게로 간다
　　요즘 들어 엄마는 소식이 뜸하다

　시골에서 선생을 하다보면 창희 같은 학생을 만나는 경우가 가끔 있는데요, 그런 아이들에게 진정으로 필요한 것은 관심과 애정이 아닌가 합니다.
　상대방의 안부를 물어본다는 말이 되겠는데, 그의 시 「안부」를 소개합니다.

　　　때로는 안부를 묻고 산다는 게
　　　얼마나 다행스런 일인지
　　　안부를 물어 오는 사람이 어딘가 있다는 게
　　　얼마나 다행스런 일인지
　　　그럴 사람이 있다는 게
　　　얼마나 다행스런 일인지
　　　사람 속에 묻혀 살면서
　　　사람이 목마른 이 팍팍한 세상에
　　　누군가 나의 안부를 물어 준다는 게
　　　얼마나 다행스럽고 가슴 떨리는 일인지
　　　사람에게는 사람만이 유일한 희망이라는 걸
　　　깨우치며 산다는 건 또
　　　얼마나 어려운 일인지

나는 오늘 내가 아는 사람들의 안부를
일일이 묻고 싶다

여러분은 다른 어떤 사람에게 쉼터일 거라고 생각한 적이 있는지요?
고단하고 힘겨운 사람들이 잠시 쉬어 갈 수 있는 자리가 바로 여러분이라면 그나마 아름답게 살아온 삶이라고 말할 수 있겠는데요, 그의 시 「가끔 쉬어 가는 자리에」를 소개합니다.

가끔 쉬어 가는 자리에
나무 한 그루 있으면
좋겠네

그 그늘 아래
작은 돌 하나 놓여 있어
문득 머물고 싶은

늘 그러진 않는다 하더라도
가끔씩이라도
아주 가끔씩이라도

산 밑 주막에 피어 오르던

구수한 저녁 연기 같은

그런 사람 하나
만날 수 있으면
좋겠네

　마음 한 구석에 텃밭을 일구어 푸성귀를 조금 가꾸어서 벗들과 함께 나물밥 한 그릇 맛나게 먹었으면 하는 시인이 바로 김시천 시인입니다.
　끝으로 그의 시, 「걸레」를 소개합니다.

나를 더럽다 하지 마라
너희들 단 한 번이라도
내가 되어 보지 않고서는
너희들 단 한 번이라도
나 아닌 남을 위하여
몸을 던져 보지 않고서는

자청비 · 가믄장아기 · 백주또
(김정숙/도서출판 각)

오늘 소개할 책은 제주 신화에 대한 이야긴데요, 김정숙 선생이 쓴 『자청비 · 가믄장아기 · 백주또』라는 책입니다.

먼저 이 글을 쓴 김정숙 선생을 소개하면 지금 고등학교에 재직하면서 제주교육대학에 출강하고 있고, 영화 평론 활동도 겸하고 있는 분입니다.

이 책은 제주의 신화를 여신들의 입장에서 분석한, 아마 제주에서만이 아니라 전국적으로도 처음 있는 작업이 아닌가 하는데, 먼저 이 책을 쓰게 된 동기에 대해 소개합니다.

이 글은 지배적이고 이데올로기화된 이미지로부터 소외된 타자들을 중심으로 하는 이미지들을 그려본 것이다.
　이제껏 과학과 객관성이란 이름들에 의해 무시되어온 신화적 상상력들을 통히여, 이성과 삼단논법의 논리들에 의해 폄히되어온 인간 감성들의 고리들도 함께 중시하면서, 수십 권 이상 쏟아져 나오는 그리스 신화에 비추어 하찮은 것으로 무시당해온 제주 신화를 가지고, 남성 중심의 역사 속에서 늘 배제 당했던 여성들을 통해, 모든 지배적인 것들에 대하여 소외된 곳들을 통해 새롭고 다른 모습과 관계를 찾고 싶었다.

　이 책의 제목에 나오는 '자청비', '가믄장아기', '백주또' 등은 제주 신화 속에 등장하는 여신의 이름인데요, 김정숙 선생은 제주 신화 또는 신화 속의 인물들에 대해 이렇게 설명하고 있습니다.

　제주 신화는 개인의 감성이나 본능을 다루고 있기보다는 공동체의 질서를 확립해 가는 과정에서 갈등하는 모습들이나 개인과 사회의 긴장 관계, 그리고 거기에서 파생된 것들이 신화의 중심적인 이야기를 이루고 있다.
　이런 제주 신화는 형상적 표현이나 이미지의 성취에서는 빈약하지만 삶의 제반 조건에서 만들어낸 구조와의 일관성이란 점에서 볼 때 무척 가치로운 점이 있다.
　현실과 유리된 것으로서 신화가 존재하는 것이 아니라, 그 견

고한 현실을 비집고 그 속에 자리잡고 있는 것이다.
 따라서 이렇게 형성된 신화 속의 행태나 캐릭터들은 충분히 사회적 속성을 표현하고 또 대표하는 것이라 볼 수 있다.

 이 책에는 제주 신화에 나오는 여섯 명의 여신에 대해 분석하고 있습니다.
 〈세경본풀이〉에 나오는 '자청비'를 비롯해서, 〈삼공본풀이〉의 주인공인 '가믄장아기', 그리고 제주도의 대표적인 당신화인 〈송당본풀이〉에 나타나는 '백주또', 〈문전본풀이〉에 등장하는 '노일저대구의딸', 그외 '원강암이', '강림의큰부인' 등에 대한 신화와 함께 그 의미들을 소개하고 있는데, 그 분석틀이 독특하고 재미있어서 읽는 이들에게 제주 또는 제주의 신화를 이해하는 데 많은 도움이 되리라고 생각합니다.
 신화에 대한 해석을 하나하나 여기서 소개할 수는 없지만 김정숙의 제주 신화 해석에는 남성지배-여성순종이라는 익숙한 질서에 대한 위반과 전복의 행위들이 심심치 않게 나타난다는 점, 인간 평등의 모습이 신화 속에 자연스럽게 스며있다는 점, 그리고 이런 현상은 제주라는 사회 집단 내에 오래도록 내재되어온 역사적인 정신성이라는 점을 강조하고 있습니다.
 끝으로 이 책을 펴낸 김정숙 선생의 소박한 바람을 소개합니다.

 별다른 욕심이 없다.

자청비가 누구냐, 가믄장아기가 누구냐?
우선 소문이 났으면 싶다.
 필자의 개인적인 바람으로 끝나버릴 수도 있겠지만 〈자청비의 코〉리는 여성용품짐, 〈백주또의 아이사랑〉이라는 아동전문 용품점, 〈가믄장아기〉라는 이름의 벤처기업, 〈원강암이 노래방〉 같은 상호들이 생기고, 이 제주의 여신들을 통하여 우리의 인식과 이야기들이 새롭게 시작되고 다양하게 거듭되기를 기대한다.

딸아이의 추억
(김규중/내일을 여는 책)

가정의 달 5월이 어느덧 절반을 넘어섰습니다.

어린이 날, 어버이 날, 스승의 날도 지났구요.

이 시대의 가장들은 참 해야할 일도 많다는 생각을 잠시 해봤습니다. 그런데 돌이켜 보면 이런 날이 있다는 것 자체가 좀 부끄러운 일이 아닌가 하는 생각도 들곤 하는데요, 물론 이렇게 기념하는 날만 어린이를, 어버이를, 선생님을 생각하란 뜻은 결코 아니겠지요.

오늘은 집안의 가장이기도 하고 한 어버이의 아들이기도 하고

학교에서는 선생님이기도 한 김규중 시인의 처녀 시집 『딸아이의 추억』을 소개할까 합니다.
　이 시집의 책갈피에는 아버지로서의 자식 사랑과 교사로서의 제자 사랑, 그리고 동시대를 사랑하고 아파하는 지식인으로서의 고뇌가 잘 드러나고 있는데요, 먼저 시인의 진솔한 마음이 그대로 들어있는 시집의 후기(後記)를 읽어보겠습니다.

첫 시집을 내면서 감사할 일밖에 없다.

아이들을 챙기느라 고생한 아내와
무럭무럭 자라나는 신우, 건우에게
갈수록 어려워지는 교단에 서며
아이들을 함께 생각하는 동료들에게
태어날 때부터 나의 앞과 뒤에
언제나 있어 준 제주바다와 한라산에게

　한 편의 시는 그 시인의 모습 그 자체인데요, 너무나 겸손하고 감사할 줄 아는, 그러면서도 결코 티를 내지 않는 시인의 모습이 눈에 보이는 듯합니다. 이 시집의 발문(跋文)을 쓴 나기철 시인은 김규중 시인에 대해 이렇게 말하고 있습니다.

김규중 시인은 말이 별로 없다.

허나 그가 하는 끊어질 듯 이어지는 말 한 마디 한 마디는 마치 무반주 첼로곡처럼 은은하게 울린다.
그의 말은 마치 낙타가 사막을 걸어가듯이 느리다.
그는 그렇게 말없이 천천히 지금까지 걸어왔다.
그는 남 앞에서 자기 생각을 말할 때에도 '단언'하는 법이 별로 없다.
그냥 변죽을 울리듯 한다.
그는 뭐랄까, 세상살이에 욕심이 없는 사람같이 보인다.

이렇듯 욕심 없는 사람이 쓴 「어머니·2」라는 시를 먼저 소개합니다.

어머니의 바람 송송한
다리를 주무른다, 메마른 세포의 근육은
칠십 평생 긴 거리를 팽팽히 잡아당겨
이제는 탄력성 잃은 고무줄인가
다리뼈 송송한 세포에 자욱한 비구름
오늘, 검은 비는 내려
어머니의 섬을 삼킨다
숲이 무너지고 지하수에 머리가 둘
달린 미생물이 유영하면서부터
섬의 두 팔에 안기면

섬의 드넓은 등에 업히면
섬은 어머니의 신경통으로 운다

  바람 송송한 어머니의 다리와 섬을 일치시키면서 시상을 전개하는 시인의 마음속에는 늘 어머니가 곧 섬이고 섬이 어머니일 수밖에 없었겠지요.
  학생들을 가르치는 선생님들의 조회, 종례 시간이 궁금하지 않으신지요.
  하루에 한 가지씩 아이들에게 가슴에 새길 좋은 말을 해주어야겠다고 마음 먹지만 제대로 되지 않는 게 요즘 선생님들의 조회, 종례 시간이 아닌가 합니다.
  지금 시내 중학교에서 국어를 가르치고 있는 시인 김규중의 시, 「종례 시간」을 들어보겠습니다.

    교실에 들어가면 떠드는 아이들
    한마디 큰소리에 조용하지만
    금방 자기들끼리 종알종알
    다시 집중이라는 말에
    입을 다물지만
    무엇을 이야기할까
    가슴에 남는 훈화를 해야 할텐데
    정직, 성실이 담겨 있는 말들은

입에서 쉽게 나오지 않아
아이들에게 그 말을 할 만큼
내가 그런가
사회가 그런가
끝내 하지 못하고
공식적인 전달 사항만 이야기하고
교실문을
나선다

끝으로, 이 시집의 표제이기도 한 「딸아이의 추억」을 소개합니다.

세 살 난 딸아이에게도 추억이 있다
아빠, 바다에 갔지이
아빠, 엄마랑 저기 우리 먹었지이

누구나 혼자이지 않은 사람은 없다
(김재진/그림같은 세상)

믿었던 사람의 등을 보거나
사랑하는 사람의 무관심에 가슴 아플 때
이 말을 생각하라

　김재진 시인의 시집 『누구나 혼자이지 않은 사람은 없다』의 표지에 실려 있는 글인데요, 오늘 소개할 시집이 바로 『누구나 혼자이지 않은 사람은 없다』라는 책입니다.
　김재진 시인은 이미 시집 『가슴 아픈 것들은 다 소리를 낸다』,

『연어가 돌아올 때』 등을 발표한 바 있고, 어른들을 위한 동화집으로는 『엄마의 나무』, 『어느 시인 이야기』 등을 펴냈습니다.
 먼저 시집 머리말의 한 부분을 소개합니다.

> 인간은 결국 혼자일 수밖에 없다.
> 한순간 사랑하는 사람과 함께 있다해도 그것이 영원한 것은 아니다.
> 모든 것은 변하고, 지금 내가 변하지 않으리라 믿는 그 믿음조차 변하고 한다.
> 변하지 않는 것이 있다면 '모든 것은 변하고 만다' 라는 진리 하나뿐…
> 누구나 혼자인 것이다.
> 그리고 그 '혼자' 가 자신을 일으켜 세우는 가장 반듯한 위안인 것이다.
> 그 위안을 통해 스스로를 세운 이가 타인에게 보내는 따뜻한 눈길을 사람들은 사랑이라 말하는 건 아닐까.

 '혼자' 임을 아는 사람만이 사랑을 안다는 시인의 말이 가슴에 와닿는데요, 김재진 시인의 고등학교 선배이면서 그를 너무나 잘 알고 있는 정호승 시인은 김재진 시인을 어떤 사람으로 기억하고 있을까요? 참고로 김재진 시인은 첼로를 전공한 음악도였습니다.

김재진 시인의 방엔 지금도 첼로가 있다.
　비록 줄은 풀어져 있지만, 지금까지 집안 한쪽 구석에 처박아 놓았던 것을 다시 꺼내 시를 쓰는 그의 가까이에 두고 있다.
　나는 이제 그의 첼로 소리가 듣고 싶다.
　아니, 이 시집이 바로 그 첼로이고, 이 시집의 시들이 바로 그가 연주하는 첼로 소리다.

원래 음악을 전공해서 그런지 그의 시에는 깊은 선율이 흐르고 있음을 알 수 있는데요, 먼저 「별」이라는 제목의 시를 소개합니다.

　　나는 나를 만드네
　　이별이 기다림을 만들 듯
　　긴 기다림에 지친 사람들이
　　새로운 만남 앞에 머뭇거리듯
　　나를 끌고 다니던 숱한 아픔들이
　　나를 만드네
　　고통을 자르고 돋아나는 또 다른 고통의 싹
　　버릴 수 없는 상처들이 나를 만드네
　　별은 투명한 고해告解
　　상처로 얼룩진 시간을 비추는
　　차가운 거울
　　살갗에 닿는 새벽공기가 두려워

얼굴을 감싼 내가 걸어가네
뒤에서 바라보는 또 다른 나
푸른 수증기가 어른거리고
얼어붙은 길을 마찰하는 바퀴들이 요란스레
시간에 다친 사람들을 쓰러뜨리네

산다는 것 자체가 아픔을 견디는 것이라고 합니다만 그래도 사람들은 그 아픔에서 벗어나려 어리석게 몸부림을 치곤 하는데요, 벗어났는가 싶더니 더 큰 슬픔이 우리를 기다린 적이 한두 번이 아니었겠지요.
끝으로 「사랑하는 사람에게」라는 시를 소개합니다.

당신을 만나러 가느라 서둘렀던 적 있습니다
마음이 먼저 약속 장소에 나가
도착하지 않은 당신을 기다린 적 있습니다
멀리서 온 편지 뜯듯 손가락 떨리고
걸어오는 사람들이 다 당신처럼 보여
여기예요, 여기예요, 손짓한 적 있습니다
차츰 어둠이 어깨 위로 쌓였지만
오리라 믿었던 당신은 오지 않았습니다
그러나 그런 것입니다
어차피 삶 또한 그런 것입니다

믿었던 사람이 오지 않듯
인생은 지킬 수 없는 약속 같을 뿐
사랑 또한 다르지 않습니다
실망 위로 또 다른 실망이 겹쳐지며 체념을 배웁니다
잦은 실망과 때늦은 후회
부서진 사랑 때문에 겪는
아픔 또한 아득해질 무렵
비로소 깨닫습니다
왜 기다렸던 사람이 오지 않았는지
갈망하면서도 왜 아무 것도 이루어지는 것이 없는지
사랑은 기다림만큼 더디 오는 법
다시 나는 당신을 만나기 위해 나갑니다

하늘 호수로 떠난 여행
(류시화/열림원)

아무 것도 소유하지 않은 자
혹은 충분히 사랑하기 위해 길 떠나는 자는 행복하여라
그대의 영혼은 아직 투명하고
사랑함으로써 그것 때문에 상처입기를 두려워하지 않으리
그대가 살아온 삶은 그대가 살지 않은 삶이니
이제 자기의 문에 이르기 위해 그대는
수많은 열리지 않는 문을 두드려야 하리

류시화의 책 『하늘 호수로 떠난 여행』에 나오는 '여행자를 위한 서시(序詩)'의 일부인데요, 혼자 간직하기엔 아까워서 먼저 소개해봤습니다.

류시화 시인은 이미 널리 알려진 분이시지요. 『그대가 곁에 있어도 나는 그대가 그립다』, 『외눈박이 물고기의 사랑』 등의 시집을 포함해서 여러 가지 명상서적도 번역하고 있는데, 오늘 소개하는 『하늘 호수로 떠난 여행』은 인도 기행에 대한 이야깁니다.

먼저 고은 시인의 평을 소개합니다.

인간의 영혼적인 행위를 위해 류시화가 해오고 있는 작업은 그 자신만의 것이 아니라 궁극에서는 사랑의 세상을 이룩하고자 하는 우리들 모두의 희망이 아닐 수 없다.

이상한 일은, 그가 스승을 찾아가는 것이 아니라 스승이 그를 기다리고 있고 스승이 그를 찾아낸다는 것이다.

그것이 히말라야 북쪽이건 그 남쪽이건 한결같다.

"그렇습니다. 우린 우리가 어디로 향해 가고 있는지 알지 못합니다. 그러니 서둘러 어딘가로 가려고 할 필요가 없지 않습니까?"

이런 힌두인의 말을 들은 류시화야말로 진정한 여행이 무엇인가를 우리에게 일깨워준다.

책 내용을 보면 싯다 바바라는 스승이 나오는데, 그 스승이 류시화에게 세 가지 만트라를 가르칩니다. 그 내용을 소개합니다.

첫째 만트라는 이것이다.
너 자신에게 정직하여라.
세상 모든 사람과 타협할 지라도 너 자신과 타협하지는 말라.
그러면 누구도 그대를 지배하지 못할 것이다.
둘째 만트라는 이것이다.
기쁜 일이나 슬픈 일이 찾아오면, 그것들 또한 머지않아 사라질 것임을 명심하라. 어떤 것도 영원하지 않음을 기억하라. 그러면 어떤 일이 일어난다 해도 넌 마음의 평화를 잃지 않을 것이다.
셋째 만트라는 이것이다.
누가 너에게 도움을 청하러 오거든 신이 도와줄 것이라고 말하지 말라.
마치 신이 존재하지 않는 것처럼 네가 나서서 도우라.

류시화는 다년간의 인도 여행을 통해 〈노 프라블럼 명상법〉을 터득하는데요, 그 내용을 보면 아침에 일어나면서 거울을 보며 '노 프라블럼'을 열 번 외치고, 누구를 만나더라도 '노 프라블럼'이라고 인사할 것이며, 자신이 보는 책의 첫 장에 '노 프라블럼'이라고 쓸 것이며, 누가 고민을 털어놓거든 '모든 것이 다 노 프라블럼'이라고 설명해주라고 하면서 이런 방법이 실천에 옮겨지지 못하더라도 '노 프라블럼'이라고 외치라고 합니다.

이 책에는 인디아 어록이라는 이름으로, 류시화가 만난 사람으로부터 들은 이야기를 정리해 놓고 있는데요, 끝으로 그 중에 '가장 먼 거리'라는 제목의 글을 소개합니다.

리시케시의 강가에서 어느 날 나는 한 스와미와 얘길 나누었다.
그는 남인도 트리반드룸에서 왔으며, 리시케시까지 기차를 타고 오는 데 100시간이 걸렸다고 말했다.
내가 놀라며 그런 먼 거리를 왔느냐고 하자 그는 말했다.
"그것보다 더 먼 거리가 있습니다. 세상에서 가장 먼 거리는 사람의 머리와 가슴까지의 30센티밖에 안 되는 거리입니다. 머리에서 가슴으로 이동하는 데 평생이 걸리는 사람도 있습니다."

못난 것도 힘이 된다
(이상석/자인)

　글을 쓰다 보면 사실과 다르게 치장하게 되는 경우가 종종 있는데요, 대부분이 자신에 대한 얘기를 과장하게 됩니다.
　그런 이유에서 자기 자신에 대한 글쓰기가 여간 힘이 드는 게 아닌데 오늘 소개할 책은 그야말로 자신의 부끄러움을 그대로 드러내는 책입니다.
　이상석 선생님이 쓰고 화가 박재동이 삽화를 그린 『못난 것도 힘이 된다』라는 책인데요, 제목 그대로 이 글을 읽다 보면 잘난 것 하나 없는 사람의 이야기임을 알 수 있겠는데, 그 솔직함과 꾸밈없음이 이 책의 가장 큰 장점이 아닌가 합니다.
　이 책에 대한 추천의 글은 저자와 함께 글쓰기 연구를 해온 윤구병 선생이 쓰고 있는데요, 그 일부를 소개합니다.

　　우등생이 어찌 열등생의 마음을 헤아릴 수 있으랴.
　　모범생이 무슨 수로 불량 학생을 이해할 수 있으랴.
　　그리고 열등생 불량 학생의 마음에 무슨 생각과 느낌이 오가는지 모르는 교사가 어찌 엇나가는 아이들을 따뜻하게 감쌀 수 있으랴.
　　이 세상의 가장 밑바닥이 이 세상의 중심이듯, 청소년기에 맨 밑바닥까지 내려가본 이 아픈 경험이 바로 교사 이상석을 우리 교육 현실의 중심에 서게 하는 힘으로 바꾸었구나 하는 생각이 절로 들었다.
　　사람이 이렇게 솔직하기도 쉽지 않고, 세상에 이런 우정을 찾아보기도 힘들다.

　이 책은 이상석 선생의 성장기라 할 수 있는데요, 학교 생활에 적응하지 못한 채 삼류 고등학교에 다니면서 친구들과 어울려 싸움판에나 돌아다니는, 비가 오는 날이면 학교는 가지 않고 해운대 백사장을 미친 듯이 헤매고 다니며 문학과 철학에 대해 눈을 뜬 학생, 결국 교사가 되고 현실에 눈을 뜨게 되면서 부당한 교육 현실에 맞서 학교에서 해직 당하고 다시 복직하여 올바른 교육을 위해

힘쓰고 있는, 교사답지 않은 삶을 살아온 한 교사의 반생기가 바로 이 책입니다.

별로 내세울 것 없는 자신의 이야기를 왜 한 권의 책으로 엮었는지 저자의 말을 들어봅니다.

> 굳이 이 글을 쓰는 까닭을 말하자면 남들이 들판에서 힘들여 일을 하듯, 나는 도시에서 힘들여 글이라도 써야겠다는 것이다.
> 일을 하며 살아야 사람다움을 찾는다고 하는데 나는 들일, 갯일, 산일을 할 줄도 모르고 할 곳도 없으니 끙끙대며 글이라도 써야 할밖에. 혹시 모르지.
> 이 글을 읽는 사람들이 조금이라도 자기 삶에 용기를 가질 수 있을지. 그러니 되든 안 되든 써보기로 하자.

언젠가 박재동 화백과 개인적인 자리에서 얘기를 나누다가 이상석 선생에 대한 얘기를 들은 적이 있어서 그런지 이 책은 마치 아주 가까운 사람의 이야기처럼 느낄 수 있었는데요, 고입 재수 시절에 이루어진 박재동과의 만남 이후에는 줄기차게 박재동이 등장하는데 그런 부분을 보면서 이상석 선생의 삶에 박재동이 차지하는 비중이 어느 정도인지 알 수 있었습니다.

특히 고등학교 시절 시립도서관에서 만난 '바바리' 여학생의 이야기는 읽는 이들에게 감동을 주기에 충분한데요, 가슴 아린 추억만을 남기고 헤어진 그 '바바리' 여학생을 사십 줄을 넘기고 인사동 어느 식당에서 일하는 아줌마와 손님의 관계로 다시 만나, 여태껏 살아온 얘기를 주고받는 모습, 그 일 이후 식당 일을 그만 두고 연락조차 끊거버린 '바바리' 여학생 이야기.

  아무튼 가슴 뭉클하게 다가오는 감동과 재미가 잘 버무려진 내용의 책인데요,

  끝으로 이 책의 저자 이상석 선생의 말을 옮겨 적습니다.

    여기, 잘난 것 하나 없이 자라온 내 부끄러운 지난 시절을 꾸미지 않고 솔직히 털어놓는다.

  그 길에서 만났던 많은 사람들의 보이지 않는 따뜻한 손길이 나를 이런 뒤늦은 행복으로 이끌었다면, 나는 감히 말한다.

  못난 것도 힘이 된다.

흰소가 끄는 수레
(박범신/창작과비평사)

 개인적인 이야깁니다만, 작년에 제 시집이 발간되었을 때 소설가 박범신 선생에게 시집을 보낸 적이 있었습니다.
 한번도 뵌 적이 없는데 책을 보내야겠다고 생각하게 된 건 박범신 선생이 쓴 『흰소가 끄는 수레』라는 소설집을 읽고, 이전에 읽은 박범신이 아닌 또다른 박범신을 만난 느낌이 있었기 때문인데요, 오늘 소개할 책이 바로 『흰소가 끄는 수레』라는 소설책입니다.
 워낙 인기 작가이기 때문에 작가 설명은 굳이 필요 없겠지요. 다만 이 책은 그가 3년 여의 절필 끝에 씌어진 소설들이 실려있다는 것입니다.
작가 박범신은 자신의 절필에 대해 이렇게 쓰고 있습니다.

93년 12월, 겨울비 추적추적 내리던 어느 새벽을 잊을 수 없다.
그때 나는 문화일보에 「외등(外燈)」이라는 소설을 연재하고 있었다.
사십 대 중반을 넘기면서 어느 날 불현듯 나를 덮쳐왔던 정체불명의 분열과 절망 때문에 그 무렵의 내게 글쓰기는 거의 형벌이었다.
며칠째 밤새우다시피 하고도 원고 한 장 쓰지 못하고 있는데, 잠옷바람으로 다가온 아내가 와락 내 머리를 쓸어안았다.
당신, 그러다가 죽겠어. 소설 제발 그만 써요. 아내는 말했다.
그 음습한 겨울비 속에서일망정 나는 끝내 살고 싶었던 것일까.
그 새벽에, 소설쓰기를 중단하겠다는 12매짜리 원고를 나는 단숨에 썼다.
나는 연재하던 소설을 더 이상 이어쓸 수 없다고 실토했고, 지구의를 아무리 들여다보아도 세계를 알지 못하고 연대표를 아무리 외워보아도 역사를 알지 못하는 나의 우매함을 자백했으며, 무당도 기(氣)가 떨어지면 산으로 가듯 나 또한 당분간 산으로 가겠다고 썼다.

굶주린 듯 소설쓰기 하나로 달려온 젊은 날들, 나는 나를 가리켜 작두날 위에 춤추는 무당이라 일렀지만, 그때의 나는 마치 암종(癌腫)에 걸린 것 같았다.
나는 용인 근교의 외딴집에 홀로 내려가 묻혔다.

물론 생각하기에 따라 다르겠지만 전업 작가에 있어 절필 선언이란 스스로에게 내리는 사형 선고에 다름 아닌데 박범신은 마치 기(氣)를 받은 무당처럼 3년여 만에, 열흘에 걸쳐 소설 한 편을 쓰게 되는데 그게 바로「흰소가 끄는 수레」라는 단편입니다.
이 소설집의 해설은 문학평론가 김치수가 쓰고 있는데 한 부분을 소개합니다.

내게 박범신의 연작 작품집의 해설을 청탁해왔을 때 나는 한쪽 가슴에서 짜릿한 아픔을 느꼈다.
그가 몇 년 전에 절필선언을 하고 오랜 침묵 속에 있었기 때문이었다.
80년대부터 90년대 초까지 지칠 줄 모른 채 여기저기 작품을 썼고 인기작가로서 많은 독자를 갖고 있던 그가 절필을 선언했을 때 나는 그도 지칠 때가 되었다는 것을 인정하였다.
그러나 작가의 절필선언은 작가적 운명 때문에 오랫동안 지켜지지 못하는 것이 상례인데 그의 침묵은 예상보다 오래 지속된 셈이었다.

그가 절필 3년만에 작품집을 낸다고 하는 것은 그의 절필이 일시적인 휴식을 위한 잠정적인 결정에 지나지 않았다는 것을 입증한다.
한 작가가 더 이상 작품을 쓰지 못한다면 그것은 작가 개인의 불행만이 아니라 한국문학의 불행에 속한다.
그런 점에서 그가 문학으로 돌아온다는 것은 그의 많은 독자와 함께 기쁨을 나눌 수 있는 일이다.

끝으로 이 책에 대한, 작가 신경숙의 서평을 소개합니다.

작년 언젠가 『창작과비평』에 발표된 「제비나비의 꿈」을 읽고 선생께 전화를 드렸던 적이 있다.
거울 앞에 선 자의 붉은 눈시울. 아랫사람이 어른께 작품 잘 읽었다고, 소설이라는 걸 읽고 눈끝이 매워지기는 참 오랜만이었다고 말씀드리는 일이 경솔한 일이라는 걸 모르진 않았으나, 선생이 되찾으려고 하는 문학에 대한 열혈이 먼저 아프게 새겨졌다.
장성한 아들을 향한 아비의 사랑이, 이상과 현실이 한몸이 되어주지 않는 작가생활의 비통함이, 새삼 인간으로 살아가는 일이 무엇인가를 다시 생각해보게 했다.

반쪽이, 세계 오지를 가다
(최정현/한겨레신문사)

대부분의 학교가 이번 주에 방학을 하겠지요.
 '방학' 하면 여러분들은 무슨 생각부터 떠오르는지요?
 물론 학생들은 학교를 벗어난다는 점에서 우선 즐거워할 것이고, 가르치는 선생님들도 자신을 재충전할 기회로 삼아 여러 가지 자기 나름의 계획을 마련하고 있겠지요.
 방학을 맞아서 많은 사람들이 선호하는 게 여행이 아닌가 합니다.
 이젠 여행도 하도 일반화돼서 국내 여행은 물론이고 동남아, 중국 여행 정도는 안 다녀온 사람이 없을 정도라고 합니다.

저는 방학이 다가오면 여행과 관련된 책에 자꾸 눈길이 가는데요, 어디론가 떠나기 위한 준비로 책을 읽기도 하지만 함부로 갈 수 없는 곳에 대한 기록 또한 읽는 재미가 여간 쏠쏠하지 않습니다.

오늘 소개할 책이 바로 그런 책인데, 반쪽이라는 이름으로 널리 알려진 만화가지요, 최정현 화백이 글을 쓰고 그림을 그린 『반쪽이, 세계 오지를 가다』라는 책입니다.
 만화책이지요. 그러니 누구나 쉽게 읽을 수 있습니다.
 이 책은 그야말로 세계의 오지라 할 수 있는 곳을 반쪽이 최정현 씨가 취재를 하기 위해 돌아다니면서 직접 그리고 쓴 일종의 기행 보고서인데요, 그 내용이 아주 재미있을 뿐 아니라 읽는 독자들에게 새로운 정보와 지식을 제공해 주기에 충분합니다.

이 책은 서울을 출발해서 도미니카 공화국, 페루, 파라과이를 거쳐 아프리카의 탄자니아, 에티오피아, 이집트 그리고 우즈베키스탄, 피지, 뉴질랜드, 파푸아뉴기니 등 그야말로 지구를 한 바퀴 돌고 온 느낌으로 읽히는 책입니다.

이 책을 읽으면서 많은 새로운 사실을 알게 되었는데요,
 예를 들면, 도미니카 공화국의 사탕수수밭 옆에는 어김없이 말 감옥소가 있어 말 주인이 잘못 관리한 탓에 사탕수수밭을 황폐화

시킨 말을 가두어 두는 곳인데 말 주인이 찾으러 올 때까지 말에게 아무 것도 주지 않고 굶긴다고 합니다.
또 그리스 신화에 나오는 여전사 아마조네스에서 '아마존' 강의 이름을 따온 건 아는데, 그 뜻이 활시위를 당기기 쉽도록 가슴을 잘라버렸다는 데에서 유래했다는 사실도 알게 되었지요.
또 탄자니아의 마사이 족은 일부다처제인데 모든 일은 여자만 하고 남자는 아무 일도 하지 않고 전투 준비만 한다고 하는데요, 지금까지 전쟁은 단 한번도 일어나지 않았다고 합니다. 또 에티오피아에는 한국전쟁에 참전했던 용사들이 귀국 후 정착하여 형성된 마을이 있는데 지난 10여 년 동안 에티오피아가 공산 치하가 되면서 한국을 도왔다는 이유만으로 많은 고통과 수난을 당했다는 사실도 알게 되었지요.
우즈베키스탄에서는 우리의 동족이 20만 명 정도 살고 있는데 그들은 자기네를 고려인이라고 하는데요, 그 이유는 조선인이라고 하면 남한에서 싫어하고 한국인이라고 하면 북한에서 싫어하기 때문이랍니다. 분단의 상처가 이국만리에까지 미치고 있다는 가슴 아픈 얘기겠지요.
또 사막에도 등대가 있다는 사실을 저는 이 책을 읽으면서 알았는데요, 깜깜한 밤이 되면 사막의 파도 속에서 길잡이가 되어줄 등대가 있어야만 길을 잃지 않는다는 말에 공감을 할 수 있었습니다.
또 비싼 전복을 먹고 싶으면 뉴질랜드로 가면 될 것 같습니다. 거기는 우리가 바닷가에서 고동을 줍듯이 전복을 잡는다고 합니다. 다만 12cm 이상만 잡아야 되고 한 사람 당 40개 이상 잡으면 벌금을 물린다고 합니다.
　호주 위에 있는 파푸아뉴기니에서는 가족 중에 누가 죽으면 손가락을 잘라서 목걸이를 한다고 합니다. 그 이유는 사람이 죽으면 언젠가 다시 살아난다고 믿기 때문이랍니다.

　이밖에도 재미있는 내용들이 참 많은데요, 쉽게 갈 수 없는 곳을 간접적으로나마 체험할 수 있는 것이 바로 이런 책읽기가 아닌가 합니다.

　끝으로 머리말에 나온 작가 최정현의 글을 소개합니다.

　좁은 공간에 과다한 인구, 여기에 분단 상황까지 겹쳐 사실상 섬에 갇힌 것처럼 살아온 우리들, 자원이라곤 인적자원밖에 없는 우리들은 언제나 낙원을 꿈꾸곤 한다.
　남에게 뒤지지 않기 위해서 진정한 휴식이 없는 생활, 경쟁이 삶의 신조가 되어버린 우리들에게 여행은 모처럼 자신을 추스리는 기회가 될 수 있다.
　조그만 일에도 짜증내고 사소한 일에도 불평하고 그러면서 세상으로부터 밀려나지 않기 위해서 눈치 보고 때로는 남은 물론 자신까지 속이며 사는 나날들은 우리를 한없이 외롭게 만든다.

그러기에 병든 마음과 무표정한 얼굴들, 그리고 반복적인 일들이 주는 권태로부터 우리는 탈출을 꿈꾼다.

뿔
(신경림/창작과비평사)

   가을이 시작된다는 입추입니다.
   지난 여름을 인내한 것들이 결실을 준비하는 계절인데요, 이럴 때, 마음의 양식을 위해 시집 한 권 읽는 것도 참 의미있는 일이겠지요.
   오늘은 환갑을 넘긴 나이임에도 불구하고 오히려 더욱 빛나는 정신 세계를 보여주고 있는 신경림 시인의 신작 시집 『뿔』을 소개할까 합니다.
   먼저 신경림 시인의 말을 소개합니다.

나는 요즈음 시도 한 그루의 나무 같다는 생각을 한다.
그 아름다움을 아는 사람은 알지만 모르는 사람은 끝내 모르고 지나간다.
그래도 시는 그 자리에 나무처럼 그냥 서 있는 것이다.
그래서 나는 나무를 심는 마음으로 시를 쓴다.
한때는 고통스럽던 시 쓰는 일이 이제는 즐거워졌다.

삶에 있어서, 시에 있어서 연륜이 쌓이다 보면 시 쓰는 일이 생활이 된다고 합니다만 신경림 시인이 바로 그런 분이 아닌가 합니다.
먼저 표제에 해당하는 「뿔」이라는 시를 소개합니다.

    사나운 뿔을 갖고도 한번도 쓴 일이 없다
    외양간에서 논밭까지 고삐를 매여서 그는
    뚜벅뚜벅 평생을 그곳만을 오고 간다
    때로 고개 들어 먼 하늘을 보면서도
    저쪽에 딴 세상이 있다는 것을 알지 못한다

    그는 스스로 생각할 필요가 없다
    쟁기를 끌면서도 주인이 명령하는 대로
    이려 하면 가고 워워 하면 서면 된다
    콩깍지 여물에 배가 부르면

큰 눈을 끔벅이며 식식 새김질을 할 뿐이다

　　　도살장 앞에서 죽음을 예감하고
　　　두어 방울 눈물을 떨구기도 하지만 이내
　　　살과 가죽이 분리되어 한쪽은 식탁에 오르고
　　　다른 쪽은 구두가 될 것을 그는 모른다
　　　사나운 뿔은 아무렇게나 쓰레기통에 버려질 것이다

　소의 뿔을 형상화한 작품인데요, 시인은 단지 소 이야기를 하고자 했던 건 아니겠지요.
　뿔을 가지고 있으면서도 한번도 사용해보지 못하고 쓰레기통에 버려진다는 이 시는 읽는 이들로 하여금 많은 것들을 생각하게 하는데요, 글쎄 여러분은 이 시를 어떻게 느꼈는지 궁금합니다.
　세상을 또는 삶을 관조한다는 것. 정말 쉬운 일이 아닐 텐데요, 마음 속에 도사리고 있는 욕심을 다 버리고서야, 버렸다는 마음마저 버리고서야 세상이, 삶이 온전하게 보이는 게 아닌가 하는 생각을 하면서 「내가 살고 싶은 땅에 가서」라는 시를 소개합니다.

　　　이쯤에서 길을 잃어야겠다
　　　돌아가길 단념하고 낯선 처마 밑에 쪼그려 앉아
　　　들리는 말 뜻 몰라 얼마나 자유스러우냐
　　　지나는 행인에게 두 손 벌려 구걸도 하마

동전 몇 닢 떨어진 검은 손바닥
　　　그 손바닥에 그어진 굵은 손금
　　　그 뜻을 모른들 무슨 상관이랴

　신경림 시인을 아는 사람이라면 금방 읽은 시의 첫 구절 '이쯤에서 길을 잃어야겠다' 라는 표현이 가슴 아프게 와 닿으리라 생각합니다.
　끝으로, 이 시집에서 가장 가슴 뭉클하게 읽었던 시 「떠도는 자의 노래」를 소개합니다.

　　　외진 별정우체국에 무엇인가를 놓고 온 것 같다
　　　어느 삭막한 간이역에 누군가를 버리고 온 것 같다
　　　그래서 나는 문득 일어나 기차를 타고 가서는
　　　눈이 펑펑 쏟아지는 좁은 골목을 서성이고
　　　쓰레기들이 지저분하게 널린 저잣거리도 기웃댄다
　　　놓고 온 것을 찾겠다고

　　　아니, 이미 이 세상에 오기 전 저 세상 끝에
　　　무엇인가를 놓고 왔는지도 모른다
　　　쓸쓸한 나룻가에 누군가를 버리고 왔는지도 모른다
　　　저 세상에 가서도 다시 이 세상에
　　　버리고 간 것을 찾겠다고 헤매고 다닐는지도 모른다

섬진강 편지
(김인호/삶이 보이는 창)

　여기 여덟 식구의 밥그릇을 걸고 노동 현장에서 싸우는 마흔 네 살의 시인이 있습니다.
　그가 바라는 것이 있다면 부끄럽지 않은 가장으로 살아가고 싶은 것입니다.
　역사에 남을 전사가 되기 위한 싸움도 아니고, 영광스러운 명예를 얻기 위한 싸움은 더욱 아닙니다.
　그런데 이 사회는 그것마저 지켜주지 못합니다.
　그래서 그의 싸움은 아름답고 우리는 그에 대해 인간적인 예의를 갖추어야 한다고 생각합니다.
   그가 바로 김인호 시인인데요, 오늘 소개할 시집은 그의 두 번째 시집 『섬진강 편지』입니다.
   이 시집을 묶게 된 사연을 먼저 소개합니다.

> 順天에서 河東으로,
> 河東에서 順天으로,
> 섬진강을 건너며 지낸 3년 간
> 써 온 詩들을 모아 두 번째 시집을 묶습니다.
> 섬진강 은결, 금결 물길따라 흐르며
> 만났던 사람들, 들꽃들, 풍경들
> 내 생의 참 따스했던 나날들
> 구비마다 반짝이는 편린들이 하, 눈부셔
> 부족한 시들이지만
> 한자리에 묶어두고 싶었습니다

   그의 시에는 인생의 후반부에 들어선 지점에서 느끼는 상념들을 엿볼 수 있는데요, 상념들을 만날 수 있는데요, 여덟 식구의 가장이면서도 결코 나약하지 않는 당당함이 참 아름답습니다.
   먼저 「저물면서도 빛나는」이라는 시를 소개합니다.

   어쩌지 못해,

삭히어 둔 그리움을
어쩌지 못해
그만 울음 터트리는
하얀 갈대밭 위로
몇 마리 물새
놀래 날아오르는
저물면서
저물면서도
빛나는 일몰의 순간

이내 어둠이 오겠지만
그 어둠에 묻혀
모두 까맣게 지워져 가겠지만

우리 삶도 저렇듯
저물면서도 빛나는,
빛나면서 저무는
한 때가 있어야 하리
꼭 그런 때가 있어야 하리

저물면서도 빛나는, 빛나면서도 저무는 삶이야말로 중년을 넘긴 모든 사람들의 아름다운 꿈이 아닌가 하는데요, 이러지도 저러지

도 못하는 어중간한 나이에 섬진강 어디쯤에 내리는 첫눈을 보고
쓴 시 「첫 눈」을 소개합니다.

    예기치 못하게
    덮쳐오는 그대

    눈을 떠라
    눈을 뜨고
    똑바로 나를 봐라
    사정없이 후려치지만

    그대, 그 맑고 깊은
    눈빛을 똑바로 마주볼
    눈빛을 잃은 나는

    그대, 그 뜨거움을 품어 안을 넉넉함을 잃은
    메마른 가슴의 나는

    그대 등 뒤로
    자꾸만 희미해지는 산을 보며
    그저 돌아가야 할 길이 막히지나 않을지
    자꾸 뒤만 돌아본다

첫눈에 대한 반가움 또는 아름다움보다 돌아가야할 길을 먼저 생각해야 하는 시인의 삶이 참 가슴 아프면서도 신솔하게 와닿는데요, 김인호 시인에 대해서 나종영 시인은 이렇게 말합니다.

    그는 섬진강 굽이굽이 오백 리 길을 순례하며 저물면서도 빛나는, 빛나면서도 저무는 생이 무엇인가에 대하여 묻고 있다.
    상추메기골 데미샘에서 발원하여 지리산을 돌아 남해에 이르는 섬진강은 그에게 곧 사랑이며 밥물 넘치는 삶의 거처이기도 하다.
    강마을 불빛만큼 다숩고 애틋한 그의 시들은 궁극적으로 지상에 떠오르는 만월과 시벌건 태양을 불끈 토해놓고도 신음 한 번 없는 저 깊은 산의 고요에 닿고자 한다.

끝으로 「그대에게」라는 시를 소개합니다.

    누구를 그리워한다는 일이
    또, 미워한다는 일이
    얼마나 힘들고 아픈 것인지를 알기에
    뒤돌아보지 말자
    미워하지도 말자
    밤마다 그렇게 뒤척이며
    애써 여기까지 흘러왔는데

강변 매화 환한 꽃밭께
그만 떠오르는 한 생각에
가던 걸음 멈추고 뒤돌아보고 맙니다

나, 얼마큼 더 흘러가야
그 미움 가라앉혀 맑아질 수 있을까요

나, 어디까지 흘러가야
뒤돌아보지 않을 만큼 깊어질 수 있을까요